한반도 국가의
정치 군사적 조건

the Korean Peninsula, 676~1885

한반도 국가의
정치 군사적 조건

the Korean Peninsula, 676~1885

초판 1쇄 발행 2024. 8. 30.

지은이 손동완
펴낸이 김병호
펴낸곳 주식회사 바른북스

편집진행 박하연
디자인 양헌경

등록 2019년 4월 3일 제2019-000040호
주소 서울시 성동구 연무장5길 9-16, 301호 (성수동2가, 블루스톤타워)
대표전화 070-7857-9719 | **경영지원** 02-3409-9719 | **팩스** 070-7610-9820

•바른북스는 여러분의 다양한 아이디어와 원고 투고를 설레는 마음으로 기다리고 있습니다.

이메일 barunbooks21@naver.com | **원고투고** barunbooks21@naver.com
홈페이지 www.barunbooks.com | **공식 블로그** blog.naver.com/barunbooks7
공식 포스트 post.naver.com/barunbooks7 | **페이스북** facebook.com/barunbooks7

© 손동완, 2024
ISBN 979-11-7263-106-2 93910

한반도 국가의
정치 군사적 조건

손동완 지음

the

Korean

Peninsula,

676

~

1885

바른북스

20, 21세기의 동 아시아는 '해양 대 대륙'의 대립 구도 속에
서 남/ 북한이 양 세력의 전초를 이루고 있다. 그렇지만 7~19
세기까지의 오랜 기간 동안 그 지역은 '한반도 국가/ 북방 북
국/ 구 중국'의 구도 하에 있었고 한반도는 그 한 부분을 이루
어 왔다. 멀리는 고려조의 3국설(후 3국 3국 소급설), 가까이는 북
한(조선민주주의인민공화국)의 양계 중심 화의 영향으로 인해서 그
지역은 상당히 다른 방식으로 해석되어 왔다. 7세기 이전 다
시 말해서 이른바 3국 통일 전쟁(노태돈 2009 a) 이전의 한반도
지역도 있는 그대로 인식할 필요가 있다. 한반도 지역의 역사
적인 모습을 제대로 인식할 때만이 미래를 향한 더 나은 전략
을 구사할 수 있을 것이다.

목차

한반도 국가

이하 022, 023', 024 a 는 각각 손동완 2022, 손동완 2023 부록, 손동완 2024 a.

1 서설

    현재 한반도에는 남한인(023')과 북한인(023') 두 집단이 자리 잡고 있다. 각각 대한민국(남한)과 조선민주주의인민공화국(북한)의 국민(또는 인민)인 그 두 집단은 1953년 이래 서로 다른 방식의 현대화를 겪고 서로 다른 정체성을 구축하고 있는 중이다. 현재 우리가 속한 남한인(위)은 남한에서는 주로 한국인(최정운 2016) 또는 한국 사람(함재봉 2017) 이라 부르는데 북한에서는 '남 조선 사람'이라 부른다. 2023년 연말을 지나면서 북한(위)은 기존의 통일 정책을 대폭 수정하면서 남한을 남 조선 (South Korea) 대신 (괴뢰)한국(ROK)이라 부르기도 하는데 그에 준하는 남한인(한국인, 한국 사람)의 명칭은 무엇인지 아직까지는 확실하지 않는 듯하다.

민족 집단(023')의 분류 상 위의 두 집단과 가장 가까운 것이 바로 이른바 '조선족/ 고려인/ 재일 교포/ 재미 한인'(023')의 이른바 디아스포라 동포(아래)다. 원래 동 아시아 문화권에서 오래 전부터 사용되던 동포(同胞)란 말은 1890년대 후반에 특정한 개념으로 사용되어(박찬승 2010) 당시 한반도 내의 집단 또는 한반도에서 그 외부로 이산한 집단을 일컫는 용어로 사용된다. 현재도 방송에서 해외 동포 란 말이 사용되고 재일 동포 란 말도 이전에도 많이 사용되었다. 디아스포라 동포도 남한인/ 북한인처럼 한반도 3조(2)가 끝이 나는 19세기에서 20세기 사이의 '근대'와 관련된 집단인데 그 시기에 대해서는 다른 지면에서 자세히 논의할 예정이다.

이른바 한민족 공동체(아래) 란 용어도 한반도 안의 남한인/ 북한인 이란 두 집단과 한반도 밖의 여러 지역에서 소수 민족(023') 집단을 이루는 디아스포라 동포(위) 세 집단과 관련된 용어라 할 수 있다. 그 용어 또한 바로 위에서 언급한 19, 20세기의 '근대'란 시대 상황을 전제하는 개념인 셈이다. 그 한민족 공동체 란 용어는 당연히 더 이전 시대인 대 신라(통일 신라) 때의 산동 반도의 신라방 사람 또는 원 제국 대도의 고려조 사람 또는 청 제국 심양의 조선조 사람 등은 포함되지 않는다. 더 자세히 말하자면 '한민족 공동체 통일 방안'(1989)의 한민족 공동체는 주로 남한인과 북한인을 대상으로 하고 '한민족 공동체론'(정영훈 2017)은 주로 남한인과 디아스포라 동포(위)를 대상으로 한다.

여하튼 한반도의 두 집단인 남한인과 북한인 그리고 한반도 밖의 '조선족/ 고려인/ 재일 교포/ 재미 한인'(디아스포라 동포)은 모두 한반도 3조(676~1910)를 통해서 형성된 민족 집단이 19, 20세기의 '근대'(위)를 거치면서 나온 것이라 해야 한다. 물론 대신라/ 고려조/ 조선조 의 한반도 3조(위)란 것이 논쟁의 여지가 없지 않다 하더라도 적어도 고려 조선 양조(023')에서 형성되는 집단이 위의 세 집단의 기초가 된다는 것은 거의 의문의 여지가 없다고 할 수 있다. 고려조와 조선조는 지역적인 위치는 말할 것도 없고 제도사(023') 적인 면에서도 상당한 연속성(023')을 보여주고 있다(2). 또한 고려조가 3국설(023')과는 상관없이 대신라(통일 신라)(023')를 계승한 국가란 것도 진실에 가깝다.

현재의 남한인, 북한인, 디아스포라 동포(조선족/ 고려인/ 재일 교포/ 재미 한인)의 기초가 되는 한반도 3조(676~1910)는 동 아시아 지역의 정치 군사(023')적 조건 하에서 그 존재가 결정된 것임은 말할 필요도 없다. 동 아시아 지역은 특히 676~1885년까지는 대체로 '한반도/ 북방 북국/ 구 중국'의 구도(김한규 2004; 이삼성 2009 a; 손동완 2022) 하에 있었다. 현재의 한반도의 한민족(조선 반도의 조선 민족)은 그러한 역사적 상황 하에서 나오는 민족 집단임에 틀림없다. 한반도 지역은 바다 건너의 일본 열도 또는 중국 남쪽의 베트남(023')에 비해서 훨씬 더 복잡한 국제 관계를 보인다. 물론 위의 시기뿐 아니라 7세기 이전과 20세기 이후도 그에 못지 않게 복잡한 상황이다.

  그 동안 학계에서 한반도의 한민족(조선 반도의 조선 민족)이 한반도 바로 위로 인접한 북방 북국(5)과의 대립 속에서 형성된다는 사실(대 북국론, 5, 6, 7, 8)이 간과되어 왔다. 7세기 이래 한반도 국가인 한반도 3조(위)는 바로 위로 접한 북방 북국(위)과 대치하면서 그 정체성을 확보해 왔다고 해야 한다. 구 중국(위) 또한 그 북쪽 또는 동북쪽의 강력한 군사력을 자랑하는 북방 북국(위)의 위협 아래 있었고 그들 국가가 여러 번에 걸쳐 구 중국을 정복해서 그들의 천하 체제(023')를 대신하기도 한다(8).

북한 또는 남한 역사학계의 남 북국설(7) 이란 역사 기획(023')
은 한반도 국가와 북방 북국과의 현실적인 관계를 설명하는
적절한 틀은 아니라고 보아야 할 것이다.

　한편 바다 건너의 구 중국(9, 10, 11, 12)의 경우에는 7~19세기
(위)와 그 이전 또는 그 이후 시기는 한반도 국가(2, 3, 4)에 대한
관계가 다르다고 해야 한다. 그 이전 다시 말해서 북방 북국
(위)이 자리 잡기 전에는 그들이 한반도 지역으로 들어가서 한
4군(보론 2) 같은 정치체를 유지한다든가 또는 한반도 국가를
정복하기 위해서 한반도 지역에 상륙한다든가 하는 경우가 있
었다. 그렇지만 7세기 발해가 성립한 이후에는 한반도 국가와
바다 건너 구 중국은 대체로 정치 군사적 동맹 관계에 있었다
고 할 만하다. 7~19세기에 구 중국 국가와 한반도가 직접 국
경을 맞대는 것이 드문 경우에 속한다. 한족 왕조 명이 유일한
예외지만 본질적인 변화는 없다(명은 조선조와 공동으로 북국 지역의
여진 부족을 견제한다, 김한규 2004).

　또한 구 중국은 줄곧 동 아시아 지역 문화의 중심지 역할을
해 왔는데 19, 20세기의 전환기를 맞기 이전에는 구 중국의 유

교와 그 정치 체제가 그 지역에 보편적인 것이었다. 특히 7세기 이후에는 한반도와 일본 열도도 '동 아시아 세계'(Nishizima 1983) 또는 '동 아시아 문명권'(조동일 2010)의 일원이었다고 할 수 있고 특히 문화적인 면에서의 구 중국의 영향은 절대적인 것이었다. 심지어는 북방 북국(위) 가운데 구 중국을 정복해서 이른바 북국 제국(8)의 반열에 오른 원과 청도 한족 왕조의 천하 체제를 계승해서 주변의 여러 국가와 책봉(023') 조공 관계를 맺는다. 또한 원은 송과 요, 금의 역사를 기록하고 청도 명의 역사를 기록한다.

한반도 지역은 7세기를 기점으로 그 이후에는 한반도 국가 (위)라 할 수 있는 대 신라/ 고려조/ 조선조 의 한반도 3조(위)가 오랜 기간 그 지역에서 지속된다. 특히 고려조와 조선조는 각각 500년 전후한 기간을 유지해서 지구 상에서 보기 드문 경우에 속한다. 두 왕조를 합한 기간도 거의 1000년에 달한다. 20세기 후반을 기준으로 포르투갈(일찍부터 네이션 스테이트, 국민 국가를 이룬다)과 한국이 지구 상에서 가장 균질적인 구성을 보이는 지역으로 꼽힌 바 있는데 한국의 경우는 지속적으로 유지된 두 국가 또는 왕조가 결정적인 요인이 된 듯하다. 일본도 상대적으로 균질적 구성을 보이는데 그 지역에서 7세기에 성립하는 천왕가가 오랜 기간 지속되고 있다는 것도 주목할 만하다.

676년 당이 한반도에서 물러난 이후 한반도 국가(위)와 구중국(위)은 거의 정치 군사 상의 동맹 관계를 유지한다(12). 북방 북국(위)의 북방 제국(원/ 청)이 구 중국의 천하 체제를 대신한 기간에도 물론 한반도 국가는 그들 제국들과 책봉 조공의 관계 하의 정치 군사 상의 동맹 관계를 이룬다. 또한 한족 제국과 북국 제국(위)은 다르지만 그들 모두 한반도 국가와는 책봉 조공 관계를 맺고 동맹 관계를 유지한 것은 사실이다. 그렇지만 현재 남한과 신 중국(위)은 서로 진영이 다른 대립하는 관계라서 한족 왕조 또는 북국 제국(위)과 같은 위상이 절대 아니다. 그런 의미에서 이전의 구 중국과 현재의 신 중국(보론 11)은 완전히 다르다고 해야 한다. 유교가 하나가 아니듯이(김영민 2021) 중국도 결코 하나가 아니다.

1885년을 기점으로 해서 동 아시아 지역의 역학 관계는 문자 그대로 전환(023')이 된다. 앞서 말한 '동 아시아 세계' 또는

'동 아시아 문명권' 안에서 행해진 책봉 조공 체계에서는 구 중국의 한족 왕조 또는 구 중국을 정복한 북국 제국(위)이 책봉(위)을 한 국가에 군사를 주둔시킨다 거나 통감을 보내는 일은 거의 일어나지 않는다(쌍성총관부 등은 예외 지역이다). 그런데 19세기 말 구 중국의 청(1616~1911)은 아편 전쟁(1840~42, 1856~60) 이후 서구 열강의 간섭을 받기 시작한다. 당시 청은 그들에게 책봉을 받아온 베트남이 프랑스의 영향 하에 들어가고 역시 그들의 책봉을 받아온 한반도(조선 반도)가 일본의 영향 하에 들어가면서 상당한 위기 의식을 느낀다. 그 때 청 제국은 기존의 책봉 조공 체계를 뒤흔드는 정책을 실시하게 된다.

청은 1882년 임오군란 진압을 명분으로 조선으로 군사를 파병한다. 그것은 북국 제국 원이 일본을 정복하기 위해서 한반도에 군사를 파병한 경우 또는 한족 왕조 명이 임진왜란 때 조선을 구원하기 위해서 군사를 파병한 경우와는 완전히 다른 것이다. 왜냐하면 그것은 당시 동 아시아 지역이 기존의 대륙의 한족 왕조 또는 북국 제국을 중심으로 한 국제 질서에서 벗어나서 '대륙 대 해양'(023')의 체제로 전환(위)이 되면서 이전의 위상의 상실에 따른 다급한 조치를 취한 것이기 때문이다. 청은 1882년 임오군란을 진압하고 이어서 1884년 일본이 지원한 갑신정변을 좌절시키고 급기야는 1885년 주찰조선총리교섭통상사의를 파견해서 조선조의 정치에 개입한다.

한반도 3조(2)는 당이 한반도에서 물러나는 676년에 시작되어 조선조가 일본으로 합병되는 1910년까지 지속된다. 그렇지만 위에서 언급한 7세기 이래의 동 아시아를 지배한 정치 체제란 면에서 볼 때는 1885년이 기존의 체제에서 그것과는 완전히 다른 체계로 넘어가는 해라 할 만하다. 그 해 청이 원세개(袁世凱 위안스카이)를 파견해서 이후 거의 통감에 가까운 권력을 행사한 것은 동 아시아 지역의 오랜 정치 질서가 종언을 고한 것을 보여주고 1885년은 그것을 상징하는 숫자라 할 수 있다. 거의 10년에 걸친 그 시기가 지나면서 이전의 '한반도 국가/ 북방 북국/ 구 중국' 구도의 동 아시아의 국제 관계는 '대륙 대 해양'(023')의 관계로 급속히 전환하게 된다.

2 한반도 3조

   현재의 한반도 지역에서 역사적으로 가장 중요한 존재는 아마 한반도 3조(아래)일 것이다. 만일 대 신라(통일 신라)/ 고려조/ 조선조 의 한반도 3조가 없었다면 현재의 한반도 또는 한반도의 한민족(조선 반도의 조선 민족)이 존재하지 않았을 가능성이 매우 크다. 바꾸어 말하면 한반도 3조를 제외하고는 현재의 한반도와 그 지역의 민족 집단을 논의하는 것이 불가능하다고 보아야 한다. 그런데 7~19세기에 걸쳐서 현재의 한반도에 존재한 대 신라/ 고려조/ 조선조 의 한반도 3조는 그 동안 함께 언급되는 것도 흔치 않은 정도였다고 할 수 있다. 그것은 한반도의 역사 기술에서 3국(023')이 강조되면서 대 신라는 상대적으로 제대로 평가받지 못한 때문일 것이다.

무엇보다 대 신라(676~935)를 제외하고 구성된 한반도의 민족 집단(024 a) 즉 한민족(조선 민족)의 역사는 제대로 된 것일 수가 없다. 대 신라는 한반도 3조(위)의 초반을 이루는 비중 있는 국가 또는 왕조일 뿐 아니라 그 자체가 오랜 기간에 걸쳐서 이루어진 지역 역사 복합체(023')이기 때문이다. 그 복합체(3한 복합체)는 바로 한반도의 민족 집단(위)의 모태(024 a)가 되는 존재이다. 예를 들면 일본 열도의 7세기의 집단 또는 베트남 지역의 10세기의 집단에 해당한다. 7세기의 한반도의 모태 집단(3한 복합체, 023')이 없었다면 현재의 한반도의 민족 집단인 한민족(조선 민족)은 그 존재 가능성이 거의 없다고 보아야 한다. 7세기의 그 집단을 빼고는 한반도의 민족 집단을 논의할 수가 없다.

고려조(918 또는 935~1392)는 이른바 3국(그 3국은 기본적으로 '후 3국의 기원'으로 나온 것이다)을 설정해서 대 신라(통일 신라)를 뛰어넘지만(4) 그러한 역사 기획(023')과 상관없이 고려조는 대 신라의 많은 부분을 계승하고 있다. 후 고구려(고려조의 전신이다) 자체가 대 신라 말기의 반란 세력(023')에서 나온 것이고 후 3국의 통합은 대부분 이전의 대 신라 영토의 회복이라 할 수 있다. 태조 왕건은 대 신라의 마지막 왕인 경순왕에 대해서 예우하고("삼국유사" '기이제이' 김부대왕) 대 신라의 영역인 3한 지역의 유력 가문인 호족들과 정략 결혼을 한다. 태조가 공신들에게 수여한 최 고위직도 3한 공신(023') 또는 3한 벽상(壁上) 공신이다.

고려조(위)가 뛰어 넘고 지우려고 시도한 대 신라(통일 신라)의 역사는 그 비중 상 그냥 묻힐 수 있는 것은 분명 아니었다. 고려조를 이은 조선조(1392~1910)에서 초기에 편찬한 역사서인 "동국통감"(1485)이 '외기/ 삼국기/ 신라기/ 고려기'로 구성되어 있다는 것도 그것을 잘 말해 준다. 조선조는 고려조의 3국설(위)을 계승해서 '삼국기'를 설정하긴 하지만 고려조가 뛰어 넘고 지우려고 한 대 신라(통일 신라)를 '신라기'(위)란 명칭으로 복권시켜 놓았다. 대 신라는 "삼국사기"(1145)에서는 3국의 하나인 신라(고구려/ 백제/ 신라 의 신라다)의 역사에 덧붙여져 있고 따로 구분되어 있지 않지만 조선조로 들어와서 바로 제 자리를 찾는다.

사실 상 고려조는 명목 상의 3국(위)과 실질 상의 3한(위) 사이에서 줄타기를 한다고 볼 수도 있다. 3한 이란 용어와 3국이란 용어를 섞어서 사용하는 이른바 3한 3국론(023')도 그러한 분위기를 어느 정도 말해 준다. 고려조 후기 "제왕운기"(권하)에서도 나/ 여/ 제(3국)와 마/ 진/ 변(3한) 이란 용어를 단순히 병렬해서 사용하고 있는데(한 4군 부분) 그것도 같은 맥락이다. 고려조는 자신의 정통성 문제 때문에 바로 앞의 왕조인 대 신라(위)를 명목 상으로는 부정하기는 하지만 앞서 살펴본 여러 예에서 볼 수 있듯이 그 국가가 실제적으로는 3한과 대 신라를 계승한다는 것은 너무나 분명한 사실이다. 고려조는 북한이 주장하는 방식의 그러한 국가가 아니다(7).

3한 중시의 경향은 고려조 후기의 "삼국유사"('기이제일' 마한조)에서도 잘 나타난다. 일연과 그 제자들은 3한 정통론(마한 정통론, 023')을 적극 옹호하는데 견훤(860~934)이 은연 중에 주장하는 '마한 〉 백제 〉 후 백제'의 정통론에 대해서 '오람'(그릇되고 진실을 잃다, 023')이란 용어까지 사용하면서 비판하고 있다. 마한의 계승자를 자처하는 견훤의 시도는 고려조에서 그냥 넘길 수 없는 부분이기도 하다. 왜냐하면 유교(아래)적인 서사인 3한 정통론(마한 정통론)은 고려조에 없어서는 안 되는 또 하나의 이데올로기일 수 있기 때문이다. 한 때 고려조의 관계(官階)에서 최 상위였던 개부의동삼사(開府儀同三司)는 3한을 통합한 신라의 문무왕이 당에서 받은 책봉 명이기도 하다.

실제로 동 아시아 문화권(이성시 2001) 또는 동 아시아 문명권(조동일 2010)의 핵심 요소 가운데 하나라 할 수 있는 유교(공동 종교에 해당한다)는 한반도 국가에도 상당한 역할을 한다. 유교적 관료제(위)는 말할 것도 없고 기자 기원(023') 론도 큰 부분을 이룬다. 그 입론은 고려조 후기 "삼국유사"(1281) "제왕운기"(1287)를 통해서 체계를 갖추는데 이미 그 중기인 숙종 때에 평양에 기자 사당을 세우고 제사를 지낸다(1102) 는 기록이 나와 있다. 동국(한반도 3조)이 기자에서 기원한다는 인식은 고려조를 거쳐서 조선조에서 정치적 엘리트인 유학자 계층에게는 그들 집단의 정체성을 대변하는 것이기도 하다. 조선조의 "동국통감"에도 물론 기자 조선이 한 부분으로 올라간다.

한편 고려조와 조선조도 상당한 연속성(위)을 보여 주고 있다. 최근 서구 학계에서도 고려 조선 양조의 단절성보다는 연속성을 강조하는 이론이 나온 바 있다(Deuchler 1992; Duncan 2000). 이전에는 사상사 등에서 고려조는 불교 국가이고 조선조는 유교 국가 란 이분법이 지배하고 역성 혁명을 통해서 '불교의 고

려조'를 '유교의 조선조'가 대체한다는 방식의 이론이 대세였
다. 그것은 조선조를 세우는 데 공헌한 정도전 같은 정치가들
이 그들 집단의 정체성을 강조하기 위해서 고려조를 불교가
지배한 국가로 규정하고 조선조는 그것을 혁파한 국가 란 주
장을 펴기 때문이다. 그렇지만 그것은 고려조가 유교적 관료
제(아래)에 기반해서 통치를 한 국가라는 것을 놓친 이론이다.

　고려조는 초반인 광종 때 이미 과거 제도가 시행된다(958).
그리고 정치 제도란 측면에서도 고려조는 당의 3성 6부 제도
와 송의 추밀원 제도를 받아들여서 중서문하성의 재신/ 중추
원의 추신이 상호 견제하는 제도를 만든다. 그리고 중서문하
성/ 중추원도 각각 상위직(재신과 추신)과 하위직(성랑과 승선)이
서로 견제하는 체제로 운영해 왔다. 중서문화성의 성랑(省郞)/
중추원의 승선(承宣)은 이후 조선조에서 각각 사간원/ 승정원
으로 독립해서 상당한 권한을 행사하게 된다. 현재 우리는 조
선조의 정치 제도가 거의 다 고려조에서 이월된 것이라는 사
실을 간과하고 있는데 그것은 우리가 조선조의 용어 더 익숙
하기 때문일 것이다. 상당 부분 재상권이 보장된 조선조의 제
도도 고려조와 선이 닿아 있다.

조선조 후기의 사실 상의 최고 기관인 비변사(1555~1865)도 고려조의 도평의사사와 많이 닮아 있다. 고려조는 초기부터 양계(부록 7, 8)의 방어가 중요한 문제로 떠오른 만큼 일찍부터 중앙에서 양계의 장관인 병마사(아래)를 지휘하는 기구가 가동된다. 그것이 바로 병마판사인데 이후 도병마사로 바뀌고 그 도병마사가 다시 도평의사사로 이어진다. 그것은 재/ 추 양부의 재신/ 추신(위)의 합좌 기구(도당)인데 군사뿐 만이 아니라 민사까지 다룬다. 조선조의 비변사(위)도 재상 위주의 합의체에 가까운 기구인데 임진왜란 전후해서 군사를 장악하고 이후 국정 전반으로 확대된다. 조선조의 당상관(1, 2품에 3품 상계 일부가 포함된다)은 고려조의 재상급의 권한을 행사한다.

그 뿐만이 아니다. 조선조에서 함경도의 북병영 관할 지역은 고려조 양계(위)의 통치 제도를 이어받은 면이 적지 않다. 그 지역은 대부분 거진(巨鎭)으로 구성되어 있는데 기타 지역이 계수관(부윤, 목사, 대도호부사)이 파견되는 중심 지역에만 거진이 설치되고 그 아래에 제진(諸鎭)이 설치되는 것과 대비된다. 그것은 고려조 양계의 방어진/ 진 의 체제가 그대로 이어진 것이라 할 수 있다. 고려조는 그 존속 기간 내내 북방 북국

⑸인 요, 금, 원과 대치하는데 북쪽의 양계 방어는 집단의 생사가 달린 문제였다. 그래서 양계의 수장은 다른 5도와는 달리 안렴사가 아니라 병마사 란 명칭으로 불리고 5도와는 다른 제도가 시행되고 그 아래 방어진/ 진의 체제로 구성된다.

한반도 지역은 동 아시아의 다른 지역에 비해서 왕조가 매우 드물게 바뀐다는 것이 특징이다. 그만큼 다른 지역에 비해서 상대적으로 안정적인 상태였다고 볼 수도 있다. 물론 7세기 이래 대 신라/ 고려 1기/ 고려 2기/ 조선 1기/ 조선 2기(023')의 각 시기가 별 다른 내 외적인 사건이 없는 무난한 시대라고 할 수만은 없다. 고려조와 조선조도 1/ 2기 사이에는 상당한 정치 군사적 파란이 있었기 때문이다. 그런데도 두 국가 또는 왕조는 4~500년을 유지하고 고려 조선 양조와 그 앞의 대 신라와의 연속성 또한 부인할 수 없다(위). 한반도의 민족 집단인 한민족(조선 민족)는 한반도 란 지역에서 지속된 국가 또는 왕조의 연속성 위에서 형성이 되는 존재라고 해야 한다.

현재의 한국 한국인(023')도 한반도(the Korean Peninsula)와 한반도의 민족 집단(024 a)과의 연장선 상의 존재임이 분명하다. 그렇다면 한국인(이 용어에 대해서는 다른 지면에서 자세히 논의할 예정이다) 또한 한반도 3조(676~1910)와 떼려야 뗄 수 없는 관계에 있다(1). 한반도의 민족 집단은 3국 통일 전쟁(3) 이후에 그 북쪽의 북방 북국(5)과 대치하면서 정체성을 확보해 간다. 그 과정에서 바다 건너 구 중국(9, 10, 11, 12)과는 대체로 정치 군사적 동맹 관계를 유지하는데 구 중국의 한반도 국가에 대한 문화적 영향도 무시할 수 없다. 한반도 3조는 상대적으로 그 존재가 제대로 평가되지 않았다는 것이 분명하다.

3 통일 전쟁

　현재 한반도(the Korean Peninsula)는 상대적인 평화기를 구가하고 있지만 그 지역은 적지 않은 수의 전쟁을 겪어 왔다. 최근의 한국 전쟁(박명림, 1996, 2002, 2006, 2011)도 있고 그 이전의 몽골 원/ 여진 청과의 전쟁도 있었다(그 사이에 일본과의 임진왜란이 발발한다). 더 이전에는 거란 요/ 여진 금과의 전쟁도 빈번했다. 또 더 이전에는 7세기의 국제 전쟁인 이른바 3국 통일 전쟁(위)이 일어난다. 물론 더 이전에도 그 지역의 여러 국가 사이에 전쟁이 반복되는데 신라와 가야, 신라와 백제, 신라 백제와 그 북쪽의 고구려 사이의 전쟁도 상당 기간 지속이 된 바 있다. 전쟁은 해당 지역의 많은 사람들을 고통에 빠뜨리기는 하지만 인류 역사에서 빼놓을 수 없는 한 부분이란 것도 부인할 수 없는 사실이다.

한반도의 역사에서 가장 중요한 사건을 하나 꼽으라면 단연
3국 통일 전쟁(노태돈 2009 a)일 것이다. 그 전쟁으로 인해서 3한
지역(3국이 아니다)이 통합되어 한반도 국가(1, 2, 3, 4)가 시작되고
그 지역의 국가들은 줄곧 그 북쪽의 북방 북국(5)과 대치하면
서 역사를 이루어 가기 때문이다. 동 아시아의 '한반도 국가/
북방 북국/ 구 중국' 이란 구도(1)는 7세기의 그 전쟁을 통해서
이루어진다고 할 수 있다. 그러한 구도는 19세기 말을 지나서
야 비로소 전환(023')이 된다. 그러한 전환에 이은 또 다른 전쟁
인 한국 전쟁(위)을 치르고 나서 한반도에 2국가가 자리 잡고
현재에 이른다. 한반도 역사의 중요한 고비도 전쟁을 통해서
이루어지는 셈이다.

이른바 3국 통일 전쟁(위)은 실제로는 3국(아래)을 통일한 전
쟁이 아니다. 정확히 말해서 3한(023')을 통일한 전쟁인데 통상
그러한 이름으로 불릴 뿐이다. 그 전쟁은 3한에서 시작하고 3
한을 기반으로 한 국가가 한반도 중남부인 3한 지역을 통일한
것이라고 해야 한다. 3국 통일 전쟁은 문자 그대로는 7세기의

그 사건을 정확하게 설명하지는 못한다. 그렇다고 하더라도 당분 간은 우리에게 이미 익숙한 표현인 3국 통일 전쟁 이란 용어를 사용할 수밖에 없는 상황이고 "삼국사기"의 3국(아래) 즉 '만들어진 3국'(4)보다는 통일이란 의미에 더 중점을 둔다면 그 용어는 그렇게 심각한 문제를 일으키지는 않는다고 할 수도 있다. 이 글에서는 그러한 전제 하에 그 용어를 계속해서 사용한다.

참고로 "삼국사기"(1145)의 3국은 한반도의 한민족(조선 반도의 조선 민족)으로 하여금 역사와 영토에 대한 2중적 의식(023')을 가지게 한 장본인이기도 하다. 역사에 대해서는 그 집단이 이미 기원전후 3국 건국계(024 a)에 의해서 시작된다는 인식을 가지게 한다. 3국 건국계란 것은 문제가 적지 않은 개념이다(4). 한반도의 한민족은 3한 지역의 지역 역사 복합체(023')가 모태(024 a)가 되어 한반도 3조(2)를 통해서 이뤄지는 존재라고 해야 한다. 그 집단이 이미 기원전후의 이른바 3국에서 시작된다는 것은 그다지 진실이 아니다. 또한 3국 또는 3국의 민족 집단이 결합해서 현재의 한반도의 민족 집단이 이루어진다는 3국 결합설(024 a)도 역사 기획(023')에 기댄 단순하기 그지없는 결합설에 불과하다.

영토에 대해서도 마찬가지다. 7세기 이래 동 아시아는 엄연히 '한반도 국가/ 북방 북국/ 구 중국'의 구도(위) 하에서 있었고 한반도의 한민족(조선 반도의 조선 민족)도 그러한 구도 하에서 형성되는 데도 불구하고 북방 북국(특히 발해)을 어떻게 든 연결시키고 만주란 지역에 대한 역사적 주권(023')을 주장해서 그 지역이 우리의 영토라는 일종의 민족주의(박찬승 2010)에 호소하는 접근이 횡행하고 있다. 특히 근대(이 시기에 대해서는 다른 지면에서 자세히 논의한다)로 접어들면서 7~19세기의 한반도와 그 역사에 대해서 과도한 민족주의적 해석이 나오면서 그러한 경향은 심화된다. 신채호(023') 유의 '상상 상의 영토 확장'(023')은 지금 이 순간에도 계속되고 있다.

그 뿐 아니라 "삼국사기"의 3국은 한반도 지역 역사의 시대 구분(023')에서도 상당한 영향력을 행사한다. 이전의 고고학의 시대 구분을 대표하는 '구석기 〉 신석기 〉 청동기 〉 초기 철기 〉 원 3국 〉 3국 〉 통일 신라'(김원용 1986)도 3국을 기준으로 해서 나온 시대 구분이다. 그 체계는 기원전후 이래의 '초기 철기 〉 원 3국 〉 3국 〉 통일 신라'란 구간이 핵심을 이룬다. 그런데 거기서는 시대 구분의 주요 단위가 '(과도기) 〉 (과도기) 〉 3국 〉 (불 완전한 시대)'란 유례없는 기 현상을 보인다. 원 3국은 말할 것도 없고 그 앞의 초기 철기도 3국으로 가는 과도기에 해당하는 데다(최성락 2002) 그나마 3국 이후인 통일 신라(대 신라)는 3국을 통일하지 못한 불 완전한 시대로 치부가 된다.

여하튼 7세기의 그 전쟁에서 신라(기원전후~676)는 바다 건너 당(엄밀히 말해서 호/ 한 왕조에 가깝다)과 연합해서 먼저 백제를 무너뜨린다(660). 이어지는 백제 부흥 전쟁 과정에서 일본이 다른 바다를 건너서 많은 수의 군사를 끌고 와서 지원하지만 패퇴한다. 신라는 다시 당과 함께 고구려를 무너뜨린다(668). 신라는 대동강 이남인 황해도 지역을 차지하고 당은 그 북쪽인 평양에 안동도호부("신오대사" '사이부록' 발해)를 설치해서 직접 지배를 기도한다. 동맹 관계의 신라와 당은 그 전과를 둘러싸고 저강도의 전쟁을 하는 상황이 되지만 발해(보론 6)가 성립한 뒤에는 다시 원래의 관계로 돌아간다. 결국 당은 676년 한반도에서 물러가고(안동도호부를 요동 지역으로 옮긴다) 신라는 대 신라(통일 신라)로 접어든다.

통일 전쟁(위) 이후 성립된 동 아시아의 '한반도 국가/ 북방 북국/ 구 중국'의 구도(위)는 7~19세기까지 지속된다. 그러한 구도는 20, 21세기 '해양 대 대륙'의 구도로 전환(위) 되기 전까지 한반도 지역의 정치 군사적 조건을 결정한 것이라고 할 수 있다(1). 한반도의 민족 집단인 한민족(조선 민족)과 관련해서도 그 전쟁은 그 지역에서 모태(024 a) 집단이 나오는 결정적인 계기가 된다. 그 모태 집단을 기반으로 해서 이후 한반도 3조(2)를 통해서 현재의 한반도의 민족 집단이 형성이 된다. 바꾸어 말하면 7세기의 3국 통일 전쟁이란 사건이 없었다고 한다면 현재의 한반도의 민족 집단은 존재하지 않았을 가능성이 매우 크다.

한반도의 한민족(조선 반도의 조선 민족)이란 것은 대체로 3한(위) 더 정확히 말해서 3한 복합체(023')라 할만한 모태(위)를 기반으로 해서 한반도 3조(위)란 시기를 공유한 집단이라 할 수도 있다. 적어도 현재의 한반도 안의 2국가 2국민인 남한인과 북한인, 그리고 한반도 밖의 디아스포라 동포(조선족/ 고려인/ 재일 교포/ 재미 한인)도 모두 그러한 역사적 배경을 공유하는 집단이다(1). 물론 그 이전에도 한반도에서 바깥으로 나간 집단도 있지만(신라방의 신라 사람, 원 제국 대도의 고려조 사람, 청 제국 심양의 조선조 사람) 그들 집단보다는 위의 집단(디아스포라 동포)이 현재의 한반도의 민족 집단과 더 밀접한 관계가 있다.

7세기 통일 전쟁(위) 이후 한반도 3조(위)는 그 위의 북방 북국(위)과 대치하면서 현재의 한반도의 민족 집단의 정체성을 세워 나간다. 양계 지역(보론 7, 8)은 원래 북국의 영역이었지만 오랜 기간에 걸쳐서 한반도 국가로 편입(023')이 된다. 내 아시아권과 중화권(이삼성 2009 a) 또는 양계 지역과 3한 지역(023') 이란 용어가 말해주듯이 3한 지역 북쪽의 그 지역은 기본적으로 또 다른 세계였다고 보아야 한다. 그 가운데 북계(보론 7) 지역은 사정이 더 복잡한데 7세기 이전에는 고구려의 지배를 받고 그 이전에는 상당 기간 한 4군(보론 2)의 하나인 낙랑군의 지배를 받고 그 전에도 위만 조선(023')의 지배를 받은 바 있다. 동계(보론 8) 지역은 옥저, 읍루(강인욱 2021), 동예의 영역을 이루다 고구려의 영토가 되었다가 발해, 요, 금과 원(쌍성총관부)의 영토로 편입된 바 있다.

고구려(기원전후~668)와 발해(698~926)는 거의 비슷한 영역 안

에서 세워진 국가이지만 동 아시아 지역의 역학 관계란 면에
서는 상당한 차이가 있다. 고구려는 아직 '한반도 국가/ 북방
북국/ 구 중국'이란 구도(위)가 성립되기 이전의 국가인 반면
발해는 그 구도가 성립되는 시점의 국가이기 때문이다. 고구
려는 엄밀히 말해서 북방 북국(위)의 범위에 들어가지 않는다.
왜냐하면 북방 북국 이란 용어 자체가 한반도 국가(위)인 한반
도 3조(2)를 기준으로 한 것이기 때문이다. 한반도 국가(위)인
한반도 3조(676~1910)가 성립하기 이전의 북국인 고구려는 중화
권 또는 3한 지역(위) 밖의 통합 국가(김한규 2004)인 것은 맞지만
발해, 요, 금, 원, 청과는 위상이 다르다고 할 수밖에 없다.

한반도와 주변 지역과의 전쟁 가운데서 역사적으로 가장 중
요한 전쟁이 3국 통일 전쟁(위)이란 것은 아마 부인하기 쉽지
않을 것이다. 특히 현재의 한반도의 민족 집단인 한민족(조선
민족)이란 존재 란 측면에서 볼 때는 7~19세기까지 지속된 한
반도 3조(2)를 연 통일 전쟁은 아무리 강조해도 지나칠 일이 없
을 듯하다. 임진왜란(위) 또는 한국 전쟁(위)도 동 아시아의 중
요한 국제 전쟁이긴 하지만 한반도와 한반도의 민족 집단(024
a) 이란 면에서는 7세기의 국제 전쟁이 더 결정적인 역할을 한

다는 것은 분명하다. 3국 통일 전쟁(위)이 이후의 한반도를 포함한 동 아시아의 정치 군사적인 구조로 가는 계기를 만든 것이란 면에서는 그 용어가 가진 한계(위)는 충분히 상쇄되고도 남는다 할 만하다.

4 만들어진 3국

　대 신라(통일 신라) 말기의 반란 세력에서 출발하는 후 고구려 (901~935)는 최종적으로 3한 지역의 패자가 된다. 고려(901) 〉 마 진(904) 〉 태봉(911) 〉 고려(918) 로 여러 번 이름을 바꾼 후 고구 려는 결국 고려조(918 또는 935~1392)가 되지만 그 자신의 정통성 (023') 문제에는 고민이 있을 수밖에 없었다. 고려조는 대 신라 (통일 신라)의 영역에서 나와서 대 신라를 대신하는 국가인 것은 분명하지만 그 국가는 의도적으로 그 대 신라(676~935)를 뛰어 넘어 버린다. 고려조는 바로 앞인 후 3국(900~935)의 역사를 기 록하는 것도 아니고 그렇다고 해서 그 앞의 정통 왕조("동사강 목", 동국역대 전수지도) 대 신라의 역사를 기록하지도 않는다.

고려조는 10세기의 후 3국(位)에서 시작해서 기원전후의 이른바 3국으로 바로 소급(023')하는 방식을 취한다. 그것이 이른바 고려조의 3국설('후 3국 3국 소급설' 줄여서 '3국 소급설')이다. 그런데 3국설의 3국(023') 이란 것은 기본적으로 후 고구려(位)의 뒤를 잇는 고려조(位)의 기원 이론(023')이라고 해야 한다. 이상의 고려조의 3국설은 "삼국사기"(1145)란 저작으로 완성된다. 여하튼 후 3국(位)이 먼저 있고 거기에서 출발해서 3국(位)을 설정하는 고려조의 기발한 '기원 이론'인 3국설(位)은 한반도의 민족 집단(023')의 기원에 관한 이론에서 이른바 전통설(Traditional Theories of Korean Origins)로 분류가 된다. 전통설(023') 즉 고려설(손동완 2018)과 대비되는 것이 당대설(Contemporary Theories of Korean Origins)인 셈이다.

그런데 3국설(位)에서 또 다시 '3국 각자'(손동완 2018)의 기원을 추구하는 것은 별 의미가 없다고 할 수밖에 없다. 왜냐하면 3국설이 나온 고려조에서 중요한 것은 바로 '통합의 이데올로기'(023')이고 다시 '3국 각자'의 기원을 추구하는 것은 결과적으로 그러한 통합을 저해하는 것일 수 있기 때문이다. 고려조는 당연히 그들이 계승했다고 주장하는 후 고구려(901~935)의 전신

이라는 고구려(기원전후~668)의 기원만을 추구하지 않는다. "삼
국사기"에는 신라본기/ 고구려본기/ 백제본기(각각 권1/ 권13/ 권
23)에서 신라/ 고구려/ 백제 의 기원에 대해서 언급하고 있지
만 그것이 '3국 각자'의 기원을 추구하기 위한 것은 아니라고
해야 한다. 물론 그 가운데 어느 것이 절대적인 것이라고 주장
하지도 않는다.

3국의 본기가 끝나는 부분(더 정확히 말해서 세번째의 '백제본기'가
끝나는 부분이다)에 붙어 있는 '논'(권 26)에서 김부식("삼국사기"를 편
수한 인물이다)은 다양한 방식의 기원에 대해서 언급하고 있지만
어느 것이 결정적인 것이라고 말하지는 않는다(더 정확히 말하
면 다른 맥락에서 다른 이야기를 하고 있다). 거기에서 김부식은 '하늘
에서 금궤가 내려와서 성을 김씨라고 했다'(신라), '스스로 소호
금천씨의 후예라 여겨서 성을 김씨라고 했다'(신라), '고신씨의
후예라 여겨서 성을 고씨라 했다'(고구려), '고구려와 함께 부여
에서 나왔다'(백제), '진 한의 난리를 겪을 때 많은 중국인들이
해동으로 도망왔다'(신라) 등의 여러 설을 소개하고 있다.

3국설(위)에 따르면 이른바 3국 건국계(024 a)가 고려조(위)의

기원이 된다고 할 수도 있다. 그렇지만 그것은 3국 가운데 어느 집단이 중핵인가 라는 문제를 비켜갈 수 없다. 어떻게 말하면 7세기의 이른바 3국 통일 전쟁(3)이 바로 그에 대한 답변이라 할 수도 있다. 여하튼 신라/ 고구려/ 백제 의 혁거세거서간/ 동명성왕/ 온조왕("삼국사기" 권1/ 권13/ 권23)이 이른바 3국을 건국한 3국 건국계(위)에 해당한다. 그들의 기원(위)에 관해서도 어느 정도 언급이 된다. 혁거세거서간은 사로 6촌(경주 평야)의 촌장들이 추대한 인물인데 알에서 나온다 하고 동명성왕은 북 부여 왕의 아들인데 역시 알에서 나오고 온조왕은 북 부여 계통의 부여계(023')인 주몽 즉 동명성왕(위)의 아들로 설정되어 있다.

기원전후(023')의 이른바 3국의 건국 세력, 다시 말해서, 3국 건국계(위)란 설정은 무엇보다 3한 사회의 역사 발전 단계와는 잘 맞지 않는다. 왜냐하면 적어도 220년이 되어야만 3한 지역의 집단이 어느 정도의 의미 있는 단계에 이르기 때문이다("삼국지" '오환선비동이열전' 동이전 한 조, 여섯번째 기사). 2000년 전후에 이루어진 남한 학계의 3한 사회에 대한 연구에 따른다 해도 그 지역에서 국(023')이란 소 정치체가 발생해서 국의 연맹(마한,

진한, 변한)을 거쳐서 국의 병합이 이루어지는 것은 거의 300년이 가까운 시기가 되어서 야 가능하다. 한반도 중남부인 3한 사회보다 발전 단계가 조금 앞서는 서북부도 기원전후는 아직 소 정치체의 발생 또는 연맹 정도의 수준이라고 해야 한다.

후기 건국계설(023')은 그러한 발전 단계 상의 난점을 피해가기 위한 대안으로 나온 것인데 백제의 경우는 고이왕(234~286) 또는 근초고왕(346~375)이/ 신라의 경우는 마립간 집단(356~500)이 실제적인 건국계라는 설정이다. 그렇지만 백제 역사 초반에 두각을 나타내는 고이왕 또는 근초고왕이 정복자 집단이란 가설은 그다지 증명될 가능성이 없고 경주의 대릉원을 세운 마립간 집단도 정복자 집단이라 보기에는 신라의 역사가 단절적이지 않다고 해야 한다. 더구나 그들이 정복자 집단의 후기 건국계 라고 해도 그것은 원래의 고려조의 기원 이론(위)이란 면에서는 방해가 되는 존재일 수밖에 없다. 한반도의 기원전후(위)는 "삼국사기"의 3국이 구현되기에는 발전 단계가 느리다.

민족 기원 이란 것은 일반 대중들이 생각하는 만큼 분명한 것이 아니다. 특히 외곽 지역에서 존속한 소수 민족 집단이 아니라 상대적으로 복잡한 역사를 가진 지역은 더 그렇다. 고려조가 만든 그들의 '기원 이론'인 3국설, 다시 말해서 후 3국 3국 소급설(줄여서 3국 소급설)도 한반도 지역의 복잡한 역사를 명쾌하게 정리하려고 한 면은 평가를 받아야 하겠지만 "삼국사기"(1145)란 책으로 완성이 된 그 체계도 결코 완벽할 수는 없다. 물론 김부식이 편찬한 그 저작은 한반도의 역사에 큰 영향력을 가진다는 것은 사실이지만 한반도의 기원전후(위)는 3국 건국계의 시대가 아니라 역사의 여명(Yi 2022) 단계 라고 보는 것이 더 타당할 듯하다.

대 북국

이하 022, 023', 024 a 는 각각 손동완 2022, 손동완 2023 부록, 손동완 2024 a.

5 북방 북국

한반도 지역과 관련해서 북방(023')은 뚜렷한 역사적인 맥락이 있다. 그 용어는 주로 북방 시베리아(023'), 북방 북국(022), 북방 사회주의(아래) 란 세 가지 의미로 사용된다. 북방 시베리아(위)는 한반도 선사 시대와 관련해서 사용된다. 북방 북국은 7~19세기의 동 아시아와 관련이 있는데 '한반도 국가/ 북방 북국/ 구 중국'의 구도(김한규 2004; 이삼성 2009 a; 손동완 2022)의 북방 북국이다. 북방 사회주의(위)는 7~19세기 동안 지속되는 그 구도가 19세기 말에 와서 '대륙 대 해양'의 구도로 전환(023')이 되면서 대륙은 사회주의권이 되는데 북방 사회주의 는 그것을 말한다. 이 파트의 주제인 대 북국(022, 023')은 물론 그 가운데 북방 북국과 관련이 있다.

북방 북국(위)은 발해/ 요/ 금/ 원/ 청(023')을 말하는데 만주 지역에서 기원하는 국가로 그 지역에서 또는 그 지역을 포함해서 통합 국가를 이룬다. 그들 국가는 바다 건너 구 중국(9, 10, 11, 12) 못지 않게 한반도 지역에 큰 영향을 미친 존재인데 특히 정치 군사적인 측면의 영향은 결정적인 것이라고 해야 한다. 7세기 이후 한반도 국가는 오랜 기간 북방 북국과 대치(023') 하고 그들 북국과의 관련 다시 말해서 대 북국(위)의 관계 속에서 그 정체성을 확보한다. 바꾸어 말하면 한반도의 한민족(조선 반도의 조선 민족)은 기본적으로 북방 북국(위)과 구분되는 존재로 형성이 된 것이고 그러한 의미에서 대 북국(위) 이란 용어는 핵심적인 것이라고 해야 한다. 남국 이란 용어는 북국에 비해서 존재감이 많이 떨어진다(6).

한반도의 민족 집단이 형성되는데 북방 북국(위)은 중요한 역할을 한다. 한반도의 한민족(조선 반도의 조선 민족)이 발해/ 요/ 금/ 원/ 청 이란 북방 북국과의 관련 속에서 이루어진 것이라면 그 지역의 국가들에 대해서 더 자세히 논의할 필요가 있을 것이다. 다만 그 국가들 하나하나의 개별적인 측면보다는 전체적인 면에 더 집중해서 보아야 할 듯하다. 오랜 기간 한반도

3조⑵와 대치한 국가인 발해/ 요/ 금/ 원/ 청 가운데 원/ 청 은 한반도 국가를 굴복시키고 구 중국(중원)으로 들어가서 천하 체제를 떠맡기도 한다⑻. 그들 국가는 이중적인 의미가 있다. 하나는 북방 북국(위) 이란 면이고 또 하나는 북국 제국⑻ 이란 면이다(그들은 구 중국을 대신해서 그 일원이 된다).

북방 북국(위)은 꽤 다양한 민족(민족 1)(023') 적 배경을 가지고 있는데 일단 구 중국의 전형적인 분류인 동이, 서융, 남만, 북 적 이란 기준에서는 일단 북적(아래)에 속한다. 만주(Manchuria) 는 크게 봐서 서부 만주/ 동부 만주 로 나뉘는데 동호계/ 읍 루계 는 각각 서부 만주/ 동부 만주 에서 기원한 집단이다. 서 부 만주는 몽골 고원과 이어지는 초원 지역인데 내 몽고 자치 구의 동편과 요녕성을 포함하는 지역이다(그 남단이 요동 지역이 다). 동부 만주는 길림, 흑룡강 두 성과 (러시아)연해주를 포함하 는 지역이다. 다만 만주 지역은 한반도 기준으로는 북방이 분 명하지만 구 중국 기준으로는 동북방에 해당해서 북적과 동이 사이에서 약간의 분류 상의 혼란을 보이는 경우가 없지 않다 (아래).

참고로 동호계/ 읍루계(위)와 함께 이른바 3북(023')의 하나를
이루는 예맥계(023')는 상대적으로 이른 시기에 그 명맥이 끊긴
다. 예맥계는 요녕계(조선계)와 부여계(023')가 주요 하위 집단이
고 기타 잔여 집단은 '예 맥 또는 예맥'(김한규 2004; 손동완 2018) 이
란 이름으로 불린다. 그 가운데 부여계 집단인 고구려(기원전후
~668)가 만주 지역 최초의 통합 국가를 이루지만 당과 신라의 연
합군에 의해서 멸망당하고 핵심 집단은 중원으로 사민(徙民)("신
오대사" '사이부록' 발해)되어 한족(11)으로 흡수되고 이후 그 정체성
이 상실한다. 고구려는 그 영역 내에서 피 지배 집단으로 있던
말갈 계통의 집단이 세운 발해(발해 말갈)로 대체된다(보론 6).

이른바 북방 북국 가운데 동호계인 거란 요(907~1125)는 읍루
계인 발해(698~926)를 무너뜨리고 들어서는 국가인데 또 다른
읍루계인 금(1115~1234)에게 멸망당한다. 거란 요(위)는 이후 주
변의 여러 민족 집단에 흡수되어 정체성을 상실한다. 거란 요
이후의 동호계 집단 가운데 가장 두드러진 존재가 바로 몽골
원(1206~1368)이다. 원래 서부 만주(위) 초원 지대의 실위("구당서"
동이북적전, 하) 특히 몽올 실위(023')에서 시작되는 그 집단은 돌
궐("구당서" 돌궐전) 등의 투트크계 집단(아래)이 서쪽으로 이동한

틈을 타서 서부 만주(위)의 초원 지대와 연결되어 있는 그 고원 지대로 들어가서 그 지역의 여러 집단을 통합한다. 그 결과 그 고원은 투르크(돌궐) 고원이 아니라 몽골(몽올 실위) 고원으로 거듭난다.

한편 읍루계(위)는 읍루/ 물길을 거쳐서 말갈로 이어진다. 말하자면 말갈은 기본적으로 읍루계(숙신계) 집단인데 읍루("삼국지" '오환선비동이열전' 동이전 읍루 조)가 물길을 거쳐서 말갈로 이어진 것이다. 말갈은 여러가지 용법으로 사용되어 주의를 요한다. 말갈 이란 명칭은 12세기에 나온 "삼국사기"의 초기 기록에서도 등장하는데 그때는 주로 한반도와 주변 지역의 예맥계 집단(위)을 낮추어서 부르는 경우가 많다. 더 정확히 말해서 예계 말갈/ 맥계 말갈(023') 이란 의미인데 그 집단을 당시("삼국사기"가 나온 고려조 초기를 말한다) 이민족의 대표 격인 말갈 이란 명칭으로 부른 것이다. 고려조 후기의 "삼국유사"에는 '발해 말갈'이 나오고 갈해(말갈 발해) 란 표현도 나온다(보론 6).

여하튼 읍루/ 물길을 거쳐서 말갈 집단은 7세기 이전에는 대체로 고구려(위)의 지배를 받는다. 고구려 멸망 이후 고구려 중심부에 살던 집단은 발해(위)로 이어지고(그들 집단이 바로 '발해 말갈'이다) 그 외곽의 집단은 여진으로 분화한다('흑수 말갈'은 그 집단을 말한다). '발해 말갈'은 이후 말갈 이란 명칭을 떼고 발해 라고 부른다("신당서" 북적전 발해; "삼국유사" '기이제일' 말갈 발해). 발해 국가가 거란 요(907~1125)로 넘어간 후에는 '발해 말갈'은 한법(북 중국의 한인/ 한어 의 한 이다)에 따라 통치가 된다. 발해인(노혁진 1985) 이란 용어는 주로 요의 직접 지배를 받던 '발해 말갈' 집단을 말한다. 외곽의 흑수 말갈(여진)은 다른 방식으로 통치가 되고 그 집단에서 여진 금(1115~1234)이 나오는데 후금(청)도 그 계열이다.

7세기 이전/ 이후의 고구려/ 발해 는 영역이 거의 겹치는데 두 국가는 동 서 남 북의 방위 칭이 들어가는 분류에서 같은 범주로 묶이는 것이 당연할 것이다. 그런데 "신당서"에서는 고구려/ 발해 를 동이전(열전 145)/ 북적전(열전 144)에서 따로 싣고 있다. "구당서"는 그 두 국가를 동이북적전(열전 149)에 싣긴 하지만 그 안에서 동이(상)/ 북적(하) 두 부분으로 나뉘어 싣는다. 대체로 고(구)려, 백제, 신라, 왜국, 일본 은 동이(동이 2)로 들어가고 철륵, 거란, 해, 실위, 습, 오라혼과 함께 말갈(위)

은 북적으로 들어간다. 참고로 "구당서"에서는 돌궐(열전 144)/ 회흘(열전 145)/ 토번(열전 146)은 따로 싣고 나머지 민족 집단을 남만(열전 147) 서융(열전 148) 동이북적(열전 149)에 나누어 싣는다 ("신당서"도 거의 비슷하다).

참고로 위에서 나온 동이 는 이른바 동이 2 를 말한다. 원래 동이(동이 1)는 이른 시기 중국 대륙 중원의 동쪽인 황하 하류(산동성)와 회하 유역(강소성)의 집단(그들 집단은 이른 시기에 한족에 흡수된다)을 의미했지만 이후 "삼국지" '오환선비동이열전'의 동이(동이 2) 란 의미로 바뀐다. 동부 만주 읍루계(숙신계) 집단(위)은 그 기원이 되는 읍루(아래)가 "삼국지"에서는 동이(동이 2)로 규정이 된다. 바로 위에서 언급한 바처럼 읍루 는 물길/ 말갈 로 이어지는데 말갈은 "구당서" "신당서" "구오대사" "신오대사"에서 발해 말갈, 흑수 말갈, 발해 등의 이름으로 실린다. "삼국유사"에서는 그 가운데 '발해 말갈'이 발해란 것을 인식하고 있긴 하지만 약간의 혼선을 보이는 경우도 있다(보론 6).

이상의 민족 집단은 알타이언어인 이른바 TMT(투르크어- 몽골어- 퉁구스어) 사용 집단인데 동호계는 몽골어(M) 사용 집단으로 분류되고 읍루계는 퉁구스어(T) 사용 집단으로 분류된다. 투르크어(T) 사용 집단은 돌궐("구당서" "신당서" 모두 열전에 돌궐전이 있다)이 대표적인데 그들은 몽골 고원 지역을 떠나서 서쪽(중앙 아시아)으로 이동한다(그 결과 그 지역은 몽골 고원이 된다, 위). 한편 예맥계(위)는 이른 시기에 명맥이 끊기는 바람에 그 집단이 어느 계통의 언어를 사용하는 집단인지 분명하지 않다. 현재 그 집단은 유전자 분석도 가능하지 않은 상태다. 언어학에서 가정하는 예맥어(3한어와 대비된다)는 연역적 방법(023')으로 설정이 된 것이란 문제가 있다.

여하튼 만주 지역의 통합 국가(김한규 2004)는 한반도 국가 기준으로 북방(위)으로 구분되고 이른바 북방 북국(위)을 이룬다. 그 가운데서 7세기 이전의 고구려(위)를 제외한 발해/ 요/ 금/ 원/ 청 이 본격적인 의미의 북방 북국 이라 할 수 있다. 그들은 다양한 민족적 배경을 가지지만(위) 그 지역을 영토로 하는 통합 국가(위)를 이루고 한반도 국가(1, 2, 3, 4)는 물론 구 중국(9, 10, 11, 12) 국가들과도 대립한다는 면에서 하나의 역사 공동체로 보는 입장도 있다(김한규 2004). 물론 역사 공동체 란 용어가 전혀 문제가 없진 않지만 만주 기원의 만주 지역의 국가 또는 만주 지역을 포함한 확대된 국가를 이룬다는 면에서는 느슨한 의미에서 적용이 가능할 것이다.

다만 북방 북국 이란 용어 자체가 한반도에서 통합 국가가 나오는 7세기 이후를 대상으로 한 것이라서 그 이전의 만주 지역 최초의 통합 국가인 고구려(기원전후~668)는 제외된다. 다시 말해서 고구려는 한반도 3조(676~1910) 이전의 국가이고 한반도 3조(2)와 맞물리는 국가는 아니다. 한반도의 민족 집단(023 a)인 한민족 또는 조선 민족의 형성이란 면에 초점을 맞추어서 말한다면 고구려는 한반도의 민족 집단의 형성기(023')라 할 수 있는 7~19세기의 한반도 3조(2)와는 상관이 없는 국가인 셈이다. 그 이전인 선 형성기(023')는 기원전 1000년에서 676년까지의 긴 시간인데 무문기(023')와 3한 통합기(023') 두 시기로 나누어 볼 수 있다. 기원전후가 그 분기점이다.

6 남국 문제

한반도 지역에서는 7세기에 비로소 통합 국가가 나온다. 그 이후로는 구 중국(9, 10 ,11, 12)보다도 만주 지역의 '북방 북국'(5)이 더 현실적인 세력이라 할 수도 있다. 왜냐하면 바로 그 위로 인접한 북방 북국이 한반도 국가와 정치 군사적으로 직접 대치(023')하기 때문이다. 그런 의미에서 만주 지역의 '북국'과 대비되는 의미의 '남국'이란 용어를 한반도 국가를 지칭하는 것으로 사용할 수도 있겠지만 그것은 매우 제한적인 의미에서 일 것이다. 말하자면 베트남(아래)의 예처럼 남국 이란 용어가 적극적인 의미로 사용될 수 있는 것은 아니라고 해야 한다. 한 반도 국가는 전통적으로 동국(023') 이란 이름을 선호하는데(아래) 그것은 구 중국(9, 10, 11, 12)을 기준으로 한 용어다.

베트남은 오랜 기간 중국의 지배를 받고(북속) 10세기 이후에 야 독립 왕조(023')가 나온다(유인선 2012). 그런데 베트남은 15세기에 나온 "대월사기전서"에서 구 중국(위)에 대한 2중적인 태도가 부각이 된다(조동일 2010; 유인선 2012). 말하자면 대외적으로 구 중국의 책봉(023')을 받으면서도 대내적으로 황제를 칭하는 모습을 보인다. 남제/ 북제란 용어가 그러한 상황을 대변한다. 말하자면 베트남의 수장은 남제이고 그 북쪽 중국의 수장은 북제인 셈이다. 물론 한반도 지역도 때에 따라서 황제를 칭한 시기가 없진 않았지만 전체적으로 볼 때는 오래 지속되진 못했다. 한반도의 경우는 베트남 같이 분명한 남(베트남)/ 북(중국)의 개념은 존재하지 않는다고 보아야 한다.

한반도와는 달리 베트남은 주변에 구 중국(위) 외에 딱히 다른 위협적인 세력이 없는 편이다. 베트남의 서편을 남북 방향으로 길게 가로지르는 안남 산맥이 인도 문명권 영향 하의 인도 차이나 지역과 중국 문명권 하의 베트남 지역을 구분하고 있기 때문이다. 게다가 중부 지역의 참파 왕국도 그다지 어렵지 않게 베트남으로 흡수가 되고 그 아래 남부 지역의 메콩강 삼각주까지 정복이 된다(남진, 유인선 2012). 더구나 베트남은 구 중국의 중심부라 할만한 북 중국과도 어느 정도 거리가 확보되는 편이다(그래서 원/ 청 때도 그 지역은 한반도만큼 타격을 입지는 않는다). 베트남은 한반도 국가와는 달리 '대 중국'이란 단순한 국제 관계가 주를 이룬다.

한반도 지역과 비교해서 베트남은 독립 왕조(위) 성립 이후에는 상대적으로 더 유리한 정치 군사적 조건 하에 있었다고 할 만하다. 반면 한반도 국가는 '대 중국' 더하기 '대 북국'(5, 6, 7, 8)의 더 복잡한 구도 하에 있었던 것은 물론이고 남쪽의 일본(023')도 수시로 한반도 지역을 위협하는 세력이 되곤 한다. 말하자면 만주의 통합 국가(위)인 북방 북국 외에도 구 중국(중원)과도 상당한 관련이 있는 한반도는 그 역학 구도가 복잡할 수밖에 없다. 역학 관계가 단순한 편인 베트남(월남)의 경우와는 다른 만큼 한반도 지역은 더 다면적인 분석을 요한다. 앞서 여러 번 언급한 바처럼 7세기 이래 한반도 국가는 '한반도 국가/ 북방 북국/ 구 중국'의 구도(1) 속에서 역사가 진행이 된다.

물론 한반도 역사와 관련해서 남 북국설(7) 이란 것이 나와 있는 것은 사실이지만 그것이 한반도 국가의 정치 군사적 조건을 전체적으로 말해주는 것은 결코 아닐 것이다. 조선조 후기 유득공((1748~1807)이 남 북국설 을 내놓고 이후 현대 북한에 와서 그러한 접근이 주목을 받는다. 그렇지만 '남국 대 북국' 또는 '남국 과 북국'은 한반도 지역의 국제 관계를 전체적으로 설명하는 방식이 될 수는 없다. 그 자체가 7~10세기의 신라(대신라)와 발해 정도를 대상으로 한 이론이고 그 이후까지 포괄적으로 설명할 수도 없기 때문이다. 한반도 지역에 대한 북방 북국(위)의 정치 군사적인 영향은 크긴 하지만 그렇다고 해서 한반도가 남국 북국 의 남국 만을 가지고 규정하기에는 적당치가 않다고 해야 한다.

한편 한반도 국가 기준으로는 일본 열도의 일본(위)이 남국일 수도 있다. 그렇지만 일본과 한반도가 각각 남국과 북국 이란 정의 또한 한반도 지역을 제대로 규정할 수는 없다. 왜냐하면 한반도 지역은 북방 북국(위)과 구 중국(위)과의 관련이 더 핵심적이기 때문이다. 앞서 논의한 바처럼 베트남은 '남국 과 북국'이란 개념으로 그 지역을 포괄적으로 설명할 수 있지만 한반도는 그것이 북방 북국과 한반도 국가(남국)든 아니면 한반도 국가와 일본(남국)이든 그 용어로 그 지역 전체를 제대로 규정할 수가 없다. 적어도 한반도 지역은 베트남 같은 단순한 '남국 정체성'을 가진다고 할 수는 없다. 바꾸어 말해서 한반도 국가의 '남국 정체성'은 여전히 의문인 사항이다.

대체로 한반도 국가는 바로 위로 인접한 북방 북국(5)과는 서로 대립하고 바다 건너 구 중국(위)과는 상대적으로 좋은 관계를 유지해 왔다(12). 구 중국 기준으로는 한반도 국가가 동국(위) 이란 용어로 불린다는 것은 바로 위해서 말한 바와 같다. 동국은 '대 중국'의 용어인데 구 중국 특히 중원을 기준으로 바다 건너 동쪽이란 의미다. 동국은 한반도 국가에서도 그 국가를 지칭하는 용어로 널리 사용된다. 고려조의 "동국이상국집"(1241)과 조선조의 "동국통감"(1485) "동국여지승람" 등이 그 예다. 동국과 거의 비슷한 해동(海東)이란 용어도 있는데 "해동고승전"(1215) 또는 해동 공자(최충) 등이 그 예다. 동국은 일종의 방위칭(위)이 포함된 용어인데 그 기준이 구 중국이다.

한반도 국가는 '동국 남국 한국'(023')이란 범주로 정의되기도 한다. 그 가운데 동국은 '대 중국'의 용어이고 한반도 국가에서 광범위하게 사용된 바 있다(위). 한편 남국은 '대 북국'의 용어인데 다만 베트남의 경우처럼 분명한 의미로 사용되는 용어는 아니다. 또한 남 북국 이란 용어도 시대적인 제한이 있는 것일 뿐 아니라(7~19세기) 대 신라/ 발해 를 '남/ 북국'으로 묶는 것이 가능한가 란 문제도 있다(7). 그것은 구 중국의 남 북조(420~589) 와는 달리 그 남 북국은 그것을 통합한 국가가 존재하지 않기 때문이다. 수 당이 남 북조를 통합한 것처럼 고려조가 남 북국 을 통합한다는 전제가 충족되어야만 엄밀한 의미에서 남 북국 이 성립할 수 있다.

결국 7~19세기까지 '한반도 국가/ 북방 북국/ 구 중국'의 구 도(위) 하에 있었던 한반도 국가를 단지 남국(위) 이란 용어로는 정의할 수는 없다. 한반도 지역은 베트남(월남)(위) 지역과는 달 리 다변적인 국제 관계 속에 있었기 때문에 남국 또는 북국 이 란 용어만으로 규정이 되긴 힘들고 그런 의미에서 남국 이란 용어는 아주 제한된 의미에서 사용되어야 한다. 한반도 국가 들은 '대 북국'의 남국(위)과 '대 중국'의 동국(위)이 모두 고려되 어야 하는데 그 가운데서 문화적인 영향력이 막강한 구 중국 이 중심이 되는 '대 중국'의 용어인 동국이 더 널리 사용이 되 어 왔다. 어떤 면에서는 남국 이란 용어보다는 동국 이란 용어가 더 보편적인 의미를 가진다고 할 수도 있다.

한편 3세기에 나온 구 중국의 역사서에는 한국("삼국지" 동이열전 한조, 열한번째 기사, 진한전) 이란 말이 나온다. 그 한국은 이른바 3한국("양서" '동이열전' 백제)의 한국인데 기원전후에서 3세기까지 한반도 중남부 지역의 마한, 진한, 변한 을 일컫는다. 그 한국은 7세기에 통일 전쟁(3)으로 한반도 중남부 지역이 통합되기 이전의 3한 지역의 집단을 지칭할 때 사용된 용어라 할 수 있다. 바로 그 한국(3한국)이 현재의 한반도의 민족 집단의 모태(024 a)가 되는 존재다. 일종의 지역 역사 복합체(023')인 3한 복합체(023')는 대략 1~676년의 기간 동안 그 3한(3한국)이 통합된 것인데(3한 통합기, 023') 그 이전은 기원전 1000년대의 초기 농경 사회다(무문기, 023').

현재 한국 은 한국/ 한국인(023')의 용법으로 많이 사용되는데 대략 1953년 이래의 남한(대한민국)인 을 일컫는 용어로 주로 사용이 된다(1). 한국인(위)에 대해서는 다른 지면에서 더 자세히 논의가 될 예정이다. 그런데 1953년 이래의 한국인(한국 사람)은 한반도 3조(2)를 거치면서 이루어지는 민족 집단을 기초로 하고 있고 더 구체적으로 말하면 7세기의 모태(위) 집단을 기반으로 한반도 3조(위)를 거치면서 이루어진 것이다(형성기, 023'). 그 모태 집단은 기본적으로 그 이전의 3한, 3한국이 통합 되면서 이루어진다. 결국 현재의 한국인(위)은 이전의 3한, 3한 국과도 뗄 수 없는 연관이 있는 셈이다. 그런 의미에서 '동국/ 남국/ 한국' 의 한국도 상당한 역사를 자랑한다.

물론 한국/ 한국인(위)의 한국은 역사 공동체 한국(023')과 무 관할 수가 없다. 현재 동 아시아에서는 중국 대륙의 중국/ 일 본 열도의 일본/ 몽골 고원의 몽골/ 한반도의 한국 이 주요 역 사 공동체라 할 수 있다. 그 가운데 중국은 다 민족 국가여서 그 구성이 매우 복잡하다. 현재의 중국은 한족(11)의 (넓은 의미 의)중원 뿐 만이 아니라 서장(티베트) 자치구, 신강 자치구, 내 몽고 자치구 등을 포함하고 있다. 그에 비해서 일본 열도의 일 본 민족과 한반도의 한국 민족(한민족/ 조선 민족)은 상대적으로 균질적인 집단을 이루고 있다. 그것은 일본 열도와 한반도에 서 상당 기간 그 지역의 왕조 또는 국가를 통해서 민족 집단 (023')이 형성된 것을 말해 준다. 몽골 고원의 몽골은 할하 부리 야트 계열이 다수 민족을 이룬다.

여하튼 '구 중국/ 북방 북국/ 한반도 국가'의 구도 하에서 한반도 국가는 상대적으로 복잡한 국제 관계를 보인다. 베트남(위)과는 달리 한반도 지역에서는 '남국 대 북국'의 대비 만으로 모든 것을 설명할 수는 없다. 또한 북방 북국(위) 이란 용어는 매우 분명하지만 상대적으로 남국 이란 용어는 매우 제한적으로 사용될 수밖에 없다(남국 이란 용어는 한반도 국가 자신에 국한되는 것도 아니고 일본을 의미할 수도 있다). 한반도 3조(2) 시기에 동국 이란 용어가 많이 사용된 것도 '대 북국'과 더불어 '대 중국'의 상황이 존재하는 한반도 국가의 존재 양상을 잘 보여준다. 20, 21세기에 와서도 대륙의 북방 사회주의와 대비되는 남방 이란 개념은 불 확실한 편이다(5).

7 남 북국설

북한의 조선사(023') 는 말할 것도 없고 남한의 한국사 도 한 반도의 민족 집단인 한민족 또는 조선 민족(경우에 따라 '한국 민족'이란 용어가 쓰이기도 한다)의 역사를 제대로 반영하지 못한다는 것이 현실이다. 그것은 그 두 국가의 역사인 한국사(남한)/ 조선사(북한) 가 한민족(조선 민족)의 역사와 일치하지 않기 때문이다(023', 024 a 에서도 그 부분이 논의가 된 적이 있다). 더 구체적으로 말하자면 두 국가는 어떤 역사 기획(023')을 바탕으로 해서 역사를 기술한다. 대체로 남한의 한국사가 3국설(023')을 근간으로 하고 있다면 북한의 조선사는 남 북국설(023')을 기초로 하고 있다. 말하자면 3국설과 남 북국설은 그 집단에 대한 대표적인 역사 기획에 해당한다.

남한의 한국사 는 대체로 고려조를 이은 조선조의 역사 인식을 기본으로 하되 3조선(024 a) 설(기원전후를 기준으로 그 이전의 역사에 해당한다)에 대해서는 유보적인 입장을 취한다. 조선조의 "동국통감"(1485)을 기준으로 말한다면 '외기'를 제외한 '삼국기'와 '신라기'(대 신라)란 큰 줄기는 그대로 적용하고 있다. '삼국기'는 고려조에서 나온 "삼국사기"(1145)의 3국이다(4). '신라기'는 고려조가 3국설(후 3국 3국 소급설)을 채택하면서 뛰어넘은 7, 8, 9세기의 역사인 대 신라(이종욱 2002) 또는 통일 신라(남한) 또는 후기 신라(북한)의 역사다. 조선조는 대 신라(통일 신라)를 고려조의 앞 시기로 복원시켜 놓고 있다. 결국 3국(아래)과 대 신라(통일 신라)가 남한 한국사 시대 구분의 기본이 된다.

고려조는 역사 기록에서 바로 앞인 후 3국(900~935)의 역사를 기록하는 것도 아니고 그렇다고 해서 더 앞의 정통 왕조("동사강목" 동국역대 전수지도)인 대 신라(676~935)의 역사를 기록하지도 않는다(4). 그 국가는 후 3국을 통합한 이른바 통합의 이데올로기(023')로부터 정통성(023')을 확보하려고 하는데 아주 변칙적이고 기발한 방식을 취한다. 그것은 바로 '후 3국의 기원'을 3국으로 설정하는 방식이다. 다시 말해서 후 신라/ 후 고구려/

후 백제 의 기원(023') 을 신라/ 고구려/ 백제 로 놓고 그 세 나라의 역사를 기록한다. 그러한 방식이 바로 "삼국사기"(위)로 구현이 되는데 그 저술은 그냥 우연히 이른바 3국의 역사를 기록한 것이 결코 아니다.

3국설(위) 은 문제가 적지 않다. 그런데도 "삼국사기"의 3국설(더 정확히 말해서 '후 3국 3국 소급설'이다)은 현재 남한 학계에서 시대 구분과 기타 연구에서 준거가 되고 있어서 그 입지가 탄탄한 편이다(4). 3국이란 '만들어진' 역사는 한반도의 민족 집단(한민족)에게 그 역사와 영토에 대해 2중적 의식(023')을 갖게 하기도 한다(4). 또한 그 기원이 그다지 분명하지 않은 편인 그 집단이 이른바 3국이 결합해서 이루어진다는 3국 결합설(024 a)도 남한에서 일정한 지분을 확보하고 있다. 3국 결합설은 다시 그 집단이 예 맥 한 세 집단이 혼합 또는 결합해서 이루어진다는 예 맥 한 혼합설(023') 또는 예 맥 한 결합설(023')의 사실상의 근거가 되기도 한다.

반면 북한의 조선사는 남 북국설(위)을 주축으로 하고 있는데 그것은 조선조 후기 유득공(1748~1807)이란 인물이 "발해고"(1784) 란 책을 지으면서 그 맨 앞의 '서'에서 역사에 대한 단상을 피력한 데서 유래한다. 당시에는 그다지 큰 반향이 없던 그의 역사 서사는 현대에 와서 북한이 그들 국가 역사(조선사)의 핵심으로 구축한다. 남한에서도 북한의 남 북국설을 수입해서(김영하 1990, 2006) 교과서까지 올리지만(아래) 그것은 기본적으로 양립 불가(손동완 2018)한 3국설과 남 북국설을 대충 얽어놓은 방식에 지나지 않는다. 말하자면 남한의 한국사는 일정한 체계가 부재한 역사란 평을 들을 수밖에 없는데 그 설의 수입과 적용도 큰 역할을 한다.

20세기로 접어들면서 동 아시아 지역이 '해양 대 대륙'(023') 의 구도로 전환(023')하고 대륙 쪽의 러시아, 신 중국, 북한 대(對) 해양 쪽의 미국, 일본, 남한의 이른바 대 분단(이삼성 2018, 2023) 의 구도를 형성하면서 북한은 대륙 쪽의 전초를 이룬다. 남한 (대한민국)과의 체제 대결에 모든 것을 걸어온 북한(조선민주주의인민공화국)은 양계(보론 7, 8) 지역을 주 영토로 하고 있는데 양계와 북국 중심의 역사를 구성한다. 북한은 조선조 후기 유득공(위)의 남 북국/ 남 북국사(023') 란 개념을 받아 들여 '발해와 신라 (대 신라)', 북한의 용어로는 '발해와 후기 신라' 란 역사를 제시하고 발해에서 고려조로 이어지는 역사를 구성한다(아래).

　"조선전사"(1979~1983)의 '발해 및 고려사 1'(7장)/ '발해 및 고려사 2'(8장) 두 장이 그러한 시도를 잘 보여 준다. 그렇지만 말갈계가 주축이 되는 국가인 발해(698~926)와 고려조(918 또는 935~1392)의 연결을 기도한 것은 역사적 주권(023')을 주장하는 방식 그 이상도 그 이하도 아니다(아래). 발해 말갈(흑수 말갈과 대비되는 용어다)이 주축이 되는 발해 더 자세히 말해서 발해인(노태돈 1985)은 이후 거란 요(907~1125)의 지배를 받으면서 그 정체성이 사라지고 뒤에 여진 금/ 몽골 원을 거치면서 다른 집단에 흡수된다. 더구나 고려조 전기의 "삼국사기"에는 말갈 이란 용어가 북방의 이민족을 통칭하는 용어로 사용되고 있기도 하다(5).

　더구나 오랜 기간 말갈 발해(갈해, "삼국유사" '기이제일')는 한반도 지역의 역사에서 배제되어 있었다는 것이 진실이다. 고려조의 공식 역사 기록인 "삼국사기"(1145)에도 당연히 발해는 그 존재가 없다. 결국 발해와 고려조를 연결시키려는 북한의 기도는 애초부터 성립하기 힘든 것이라 할 수밖에 없을 것이다. "삼국사기"는 기원전후 3국에서 10세기 후 3국으로 바로 연결되는 방식이라(7, 8 9세기 역사는 3국의 신라에 슬쩍 덧붙여 놓는 형식이다) 그러한 체계에서 발해는 설 자리가 없다. 이후 고려조 후기에 와서 "삼국유사"(1281) "제왕운기"(1287)에서 발해가 언급되긴 하지만 그것도 고려조가 발해에 대해서 역사적 주권(위)을 가진다는 정도의 인식에 그친다.

조선사(위)의 남 북국설(위)은 북한의 정치적 의도가 분명한 기획인 데도 불구하고 남한의 연구자(위)가 그것을 아무 생각 없이 그대로 도입한 것은 상당히 문제가 있다. 그 이론을 수입해서 실은 것이 남한 학계에 대한 공헌일 수 있는지도 의심스럽다. 더구나 그것이 국사(한국사)에까지 올라 간 것은 남한 학계의 자존심과도 관련되는 문제일 수도 있다. 적어도 3국설과는 모순되는 입론(위)이 분명한 남 북국설을 도입할 때는 역사체계 란 면에서 적절한 설명이 있어야 한다. 3국설과 남 북국설을 안이하게 엮어 놓은 것은 기본적으로 비 논리적인 방식이라 할 수밖에 없고 학계의 수준을 저하시킨 하나의 대표적인 예라 할 수도 있다.

역사란 것은 있는 그대로의 역사가 아니라 해석된 역사이다. 모든 역사 체계가 그러한 해석을 바탕으로 해서 구성된 역사라 해야 한다. 남한/ 북한의 한국사/ 조선사(위) 가 그것을 웅변으로 말해 주고 있다. 어떤 면에서는 역사는 모두 역사 기획(위)이라고 할 수도 있지만 그것도 강도가 있기 마련이다. 강한 기획과 약한 기획 이란 구분도 그것과 관련이 있다. 한반도 지역의 역사 기술에서 3국설(023')과 남 북국설(023')은 매우 강한 기획에 해당한다. 하나는 고려조의 기원 이론(023')으로 3국을 만든 것이고(4) 다른 하나는 한반도 국가인 고려조의 기원을 북방 북국(5)인 발해에서도 찾는 것이다(그 기획은 고려조가 발해의 역사를 기록하지 않은 사실에 대한 탄식에서 출발한다).

특히 발해는 한반도 국가(1, 2, 3, 4)와 대립한 북방 북국(5, 6, 7, 8)임이 분명하고 말갈계가 중심인 발해 국가가 고려조의 정통이 된다는 방식(위)의 북한의 역사 기술은 문제가 많다. 그것은 북한이 양계(보론 7, 8) 중심의 역사를 구성하는 과정에서 고육지책으로 나온 것이라는 것이 정확한 평가일 것이다. 물론 "삼국유사" "제왕운기"에도 발해 기사가 있는 것은 맞지만 그것은 3국 특히 구 고구려의 영역에서 나온 그 국가를 부가적으로 넣은 것에 지나지 않는다. 거기서도 대조영이 '고려 잔얼'

또는 '고려 구장'("삼국유사" '기이제일' 말갈 발해, 두번째 기사)이라는 것을 강조하긴 하지만 그것은 역사적 주권(위)을 주장하는 것에 지나지 않는다.

유득공의 발해 연구는 그 자체로 평가해야 하겠지만 그것을 넘어서 남 북국/ 남 북국사(위)를 시도한 것은 상당히 무리한 발상이다. 참고로 북한은 그들의 역사 체계에서 '고조선 〉 고구려 〉 발해 〉 고려 〉 리조 〉 북한'("조선전사") 이란 계보론을 구성한다. 고려조의 기원을 발해로 놓는 북한의 해석은 어떻게 보면 어이없는 것이라고 할 수 있다. 아무리 양계(위) 중심의 역사를 구성하는 것이 지상 과제라 하더라도 그것은 지나친 역사 기획일 뿐이다. 북한은 겉으로는 민족(민족 3)을 내세우지만 속으로는 그들 국가의 정체성을 세우고 강화하는데 혈안이 되어 왔다. 말하자면 북한은 또 다른 정체성을 위해서 역사 기획을 감행하는 한편 민족적 동질성은 그다지 관심이 없었다고 평가할 수밖에 없다.

한반도의 민족 집단(한민족 또는 조선 민족)은 한반도 3조(2)를 거쳐서 형성되는 것은 분명한 사실이다. 또한 이른바 3국보다는 3한(023') 지역이 더 적실한 모태(024 a) 집단이라고 할 수 있다. 일본 열도와 베트남에서도 각각 7세기와 10세기에 모태 집단이 형성되고 이후 그 지역의 국가 또는 왕조를 통해서 민족 집단이 형성된다. 한반도 3조(위)는 현재의 한반도의 민족 집단(한민족 또는 조선 민족)에 결정적인 역할을 하는 존재라고 해야 한다. 7, 8, 9세기의 대 신라가 아니라 북방 북국(위)인 발해를 끌어들이는 것은 무리한 역사 만들기의 역사 기획에 지나지 않는다. 한반도 국가는 북방 북국과의 대 북방, 대 북국(5, 6, 7, 8)의 대립 속에서 그 정체성을 확립해 온 것은 너무나 분명한 사실이다.

8 북국 제국

중국은 결코 하나가 아니다. 구 중국(9, 10, 11, 12)과 신 중국(보론 11)은 다르고 구 중국도 하나의 버전이 아니다. 적어도 구 중국의 여러 왕조 가운데 한족 왕조와 북국 제국(023')은 상당히 다르다. 7~19세기까지 동 아시아 지역은 기본적으로 '한반도 국가/ 북방 북국/ 구 중국'이란 구도(1)가 유지되지만 시기 별로 그 양상은 다르다. 북방 북국(발해, 요, 금, 원, 청) 가운데는 구 중국으로 들어가서 천하 체제(023')를 떠맡고 한족 왕조를 대신하는 경우가 있다. 북방 북국(5) 가운데 요, 금, 원, 청은 정복 국가의 방식으로 구 중국으로 들어가는데 그 가운데 원(아래)과 청(아래)은 천하 체제를 대신하고 한반도 국가와 책봉(023') 조공의 관계를 맺는다. 그 두 국가(왕조)는 가히 북국 제국이라 할 만하다.

 '한반도 국가/ 북방 북국/ 구 중국'의 구도(위) 하에서 한반도
국가는 구 중국과는 가치와 체제를 같이 하고 동맹에 가까운
관계를 유지하는 반면(12) 북방 북국(위)과는 바로 국경을 접하
면서 대치(023')하고 수시로 전쟁(023)을 수행한다. 다만 대 신라
당시에는 북국인 발해(위)와 상대적으로 평화로운 관계가 지속
되지만 그 두 국가 또는 왕조가 북한이 주장하듯이 남 북국의
관계는 결코 아니다(7). 고려조는 그 전기에 요, 금과 대치하고
전쟁을 하지만 '고려/ 요/ 송' 또는 '고려/ 금/ 남송'이 어느 정
도 세력 균형을 이룬다. 그렇지만 그 후기에는 압도적인 세력
을 자랑하는 원에 30년 전쟁(1232~59) 끝에 굴복한다. 조선조로
와서도 그 후기에는 급격히 세력을 확장한 후금(청)에 무릎을
꿇는다(1636~7).

 원과 청 두 국가 또는 왕조는 구 중국을 정복하고 나서 구
중국의 천하 체제(위)를 이어받는다. 그래서 한반도 국가를 정
복한 뒤에도 그 지역을 직접 지배하지 않고 책봉(위) 조공의 관
계를 맺는 방식을 채택한다. 천자(구 중국의 중원을 중심으로 발생

한 천하 개념에서 파생한 것이다)가 그 주변 국가의 국왕을 책봉하고 대신 그들 국가는 조공하는 방식의 국제 질서는 동 아시아 세계(Nishizima 1983) 또는 동 아시아 문명권(조동일 2012)의 가장 특징적인 모습 가운데 하나다. 19세기 서양의 열강이 구 중국을 잠식하기 이전에는 그러한 방식의 국제 관계가 적어도 동 아시아 지역에서는 보편적인 것이었다고 할 수 있다. 몽골 원(아래)과 여진 청(아래)도 구 중국 정복 후에 큰 고민 없이 그 제도를 활용한다.

그러한 일종의 책봉과 조공을 중심으로 하는 평화적인 안보 레짐(이삼성 2009 a)이라 할 만한 동 아시아의 정치 체제는 19세기 후반에 와서 도전을 받는다. 한반도 국가도 그 과정에서 상당한 혼란을 겪는 것은 당연한 일이라 할 것이다. 1885년은 그것을 상징하는 해라 할 만하다(1). 서울 서대문(구)의 독립문도 그 과정을 말해주는 하나의 표지라 할 수 있다. 구 중국의 사신을 맞이하던 (모화관 앞의)영은문 자리에 세운 그 건축(경관)은 동 아시아에서 오랜 기간 지속되어 온 국제 관계를 부정하는 기념비가 된다. 그렇지만 그 과정에서 민족주의적인 시각이 작용하면서 이른바 사대 문제(보론 10)에 대해서 극단적인 해석을 하는 시발점이 되기도 한다. 그것은 그다지 바람직하지 않은 측면이 많다.

(원) 한반도 국가는 이미 몽골 원 때 북국 제국(위)의 지배를 경험한 바 있다. 고려조 후기(2기)에는 원의 등장으로 그 이전의 '고려/ 요/ 송' 또는 '고려/ 금/ 남송'(위)의 균형이 깨지고 전혀 다른 국면으로 치닫게 된다. 몇 가지 측면에서 논쟁의 여지가 없지 않지만(아래) 기본적으로 원이 기존의 구 중국(9, 10, 11, 12)의 천하 체제(위)를 이어받고 고려조를 책봉(위) 한다. 오랜 기간의 전쟁 끝에 고려조를 정복한 원은 처음에는 직접 통치를 고려하지만 결국은 구 중국의 천하 체제를 도입해서 책봉 형식으로 고려조를 독립 국가로 유지하기로 한다. 물론 통혼(023')을 통해서 왕실의 일체화를 추구한 면에서 회색 국가 란 분석도 있지만(이삼성 2009 a) 큰 틀에서 한반도 국가는 유지가 된다.

구 중국에 정복자 방식으로 들어가서 천하 체제(위)를 이어받은 원은 기본적으로 북방의 이민족 출신이다. 그러한 유의 유목 국가는 구 중국의 국가들과 이질적인 집단이란 것은 분명하다 할 수 있다. 그런데도 중국사에서 그들 국가는 당당하게 그 일부가 되어 있다. 그것은 원이 그 앞 시대인 송의 역사를 기록하고 다른 북방 북국인 요(907~1126)와 금(1115~1234)의 역사도 구 중국 역사로 편입한 것이 큰 역할을 한 듯하다. 원이 초원으로 물러난 후 들어서는 한족 왕조인 명(1368~1644)도 원의 후속 국가임을 인정하지 않을 수 없는 상황이고 그 앞의 국가인 원의 역사를 편찬한다. 그것이 '원사'인데 뒤에 중화민국(1912~1949)에 가서 그것을 보완한 신 원사 가 나온다.

결국 요, 금, 원, 청은 각각 요사, 금사, 원사(24사) 그리고 청사고(淸史稿)(25사) 란 이름으로 구 중국의 역사에 들어간다. 앞서 말한 바처럼 요와 금은 북 중국의 일부 또는 전부를 지배한 바 있고 원과 청은 전 중국을 지배한 이른바 북국 제국(위)이라 할 수 있는 존재이기도 하다. 위에서 말한 바처럼 요사와 금사는 이민족 출신인 원(1206~1368)이 그 역사를 기록하고(위) 원사와 청사고는 각각 한족 왕조인 명과 중화민국에서 기록한다. 구 중국은 통상 후대의 왕조가 그 전 왕조의 역사를 기록하는 것이 관례다. 일부 예외도 있는데 예를 들면 후한(25~220)의 역사는 그 다음의 3국(220~265)은 물론 서진(265~317)에서 기록되지 못하고 남조의 송(420~479)에 가서 기록된다.

   물론 위에서는 요, 금, 원, 청이 '열전'에서 실리거나 4이(동이, 서융, 남만, 북적)의 하나로 실리는 것을 말하는 것은 아니라 24사(25사) 란 정사에 실리는 것을 말한다. 4이에 속하는 여러 집단 가운데서 주로 북적에서 나온 집단들이 구 중국의 정사인 24사에 오른다. 서부 만주/ 동부 만주 의 동호계/ 읍루계(5)가 그들인데 요와 원은 서부 만주의 동호계/ 금과 청(후금)은 동부 만주의 읍루계에 해당한다. 돌궐, 회흘, 토번 등의 집단(5)도 있지만 대부분 만주 지역에서 기원하는 집단들이 구 중국 중심의 동 아시아 지역에 더 큰 역할을 한다고 할 수 있다. 다만 동부 만주의 읍루계 가운데 발해는 아직 만주 지역 국가에 머물러서 그 반열에 오르지는 못한다.

   (청) 원(위)이 초원으로 돌아간 뒤에(북원이 된다) 여진(위)은 상당 기간 명의 요동도지휘사사(줄여서 요동도사 遼東都司 라 부르는데 이전의 요양부에 설치된 행정 구역이다)의 간접 지배 하에 있었다. 그 이전에는 여진(흑수 말갈과 관련이 있다)이 요의 지배를 받다가 금을 세우지만 이후 몽골 원(위)에 정복되어 원의 지배를 받은 바

있다. 그 집단은 임진왜란 이후 점차 세력을 키워서 후금을 세우고(1616) 후방의 조선을 굴복(1636~7)시키고 나서 산해관을 넘어서(1644) 전 중국을 지배한다. 명 제국 안의 내분을 틈타서 어렵지 않게 전 중국을 확보한 청은 강희제/ 옹정제/ 건륭제의 치세 동안 몽골은 물론이고(청의 황제는 공식적으로 몽골의 대칸을 겸한다) 신강과 티베트를 점령한다.

청은 원(위)에 이은 두번째의 북국 제국(위)이 된다. 여진 청 또는 만청(김한규 2004)(청은 여진이란 민족 집단 이름을 만주족으로 바꾼다, 만청은 만주족의 청을 말한다)은 북방 북국에서 시작하긴 하지만 북국 제국(위)의 반열에 오르면서 그 이전의 원과 마찬가지로 한족의 천하 체제(위)를 이어받고 일종의 팍스 시니카(Pax Sinica)를 이룬다. 한반도 국가는 아이러니하게 또 다른 북국 제국의 체제 하에서 오랜 기간 평화기를 누린다. 그것은 원이란 북국 제국 하에서 상당 기간 평화기가 지속된 것과 마찬가지다. 다만 청이 훨씬 더 안정적인 상태를 유지해서 그 기간이 200년이 넘는다는 것이 다를 뿐이다.

청은 조선조 후기 유학자들의 인식과는 상관없이 동 아시아 세계의 중심 역할을 한다. 북국 제국 청은 이전의 한족 왕조의 예를 따라 주변의 국가들과 책봉(위) 조공 관계를 맺는다. 물론 조선도 청의 책봉을 받고 매년 사절을 보내고 조공한다. 구 중국(9, 10, 11, 12)과 역사적으로 문화적 유대를 가져온 한반도 국가 특히 성리학을 지배층의 사상 기조로 하는 조선조에서 새로 등장한 북국 제국인 청과의 관계에서 내적인 갈등이 없진 않았다. 물론 조선조 후기의 지배층은 한족이 아닌 만주의 여진이 천하 체제(위)를 이어받는 것에 대해 반감이 있었다. 그 과정에서 나온 것이 소 중화론(보론 9)인데 따로 논의한다.

고려조 후기에 당시의 북국 제국 원을 책봉의 주체로 받아들이는 것과 조선조 후기에 청을 받아들이는 것은 분명히 상황이 다르다. 바로 위에서 잠깐 언급한 바와 같이 조선조는 상당 기간에 걸쳐서 유교화 성리학 화(계승범 2014)가 진행이 되기 때문이다. 물론 소 중화론(보론 9)이 보여주듯 그에 대한 저항도 만만치는 않지만 조선조 후기의 북학파가 잘 말해주듯이 청에 대한 조선조 지배층의 인식은 점차 달라진다. 그리고 무엇보다 조선조 후기는 청의 팍스 시니카 아래 오랜 기간 동안 평화기를 누린 것도 분명하다. 그렇지만 오랜 기간의 평화기는 19세기로 접어들어 서양 세력이 들어오면서 위기를 맞는다.

청이 두 차례에 걸친 아편 전쟁(1840~1842; 1856~1860)에서 패하면서 상황은 달라지기 시작한다. 그 이후 동 아시아 지역은 점차 새로운 국제 관계로 재편된다. 한반도에도 서양과 일본 세력이 들어오면서 이전과는 다른 사태를 맞게 된다. 한반도 3조(2)의 마지막 국가인 조선조는 대략 고종기(1863~1897)에 와서 그 격랑에 휘말리는데 특히 1885년을 계기로 해서 그 전과는 완전히 다른 상황이 된다. 왜냐하면 임오군란(1882)을 진압한다는 명분으로 청의 군사가 들어오고 이어서 조선 내정을 간섭하고 그에 대한 반발로 일어난 갑신 정변(1884)을 제압하고 거의 통감에 해당하는 관리를 파견하기 때문이다(1). 조선조는 대한제국(1897~1910) 기로 들어가지만 추세를 되돌리지 못한다.

대 중국

이하 022, 023', 024 a 는 각각 손동완 2022, 손동완 2023 부록, 손동완 2024 a.

9 화하

　현재의 중국은 과거의 중국과는 완전히 다르다. 왜냐하면 7~19세기까지의 구 중국(아래)이 한반도 국가들과 서로 가치(023')를 공유하는 일종의 동맹의 관계에 가까왔다면 20, 21세기의 신 중국(보론 11)은 적어도 남한(대한민국)과는 다른 가치를 추구하는 잠재적 위협 세력이라 할 수 있기 때문이다. 만일 북한(조선민주주의인민공화국)이란 완충(023') 지역이 없다고 한다면 현재의 남한은 이전의 핀란드 또는 현금의 우크라이나와 같은 상황에 처해 있다고 할 수 있다. 신 중국인 중화인민공화국(1949~)은 여러 모로 한반도에 위협적인 존재일 수밖에 없다. 우리는 신 중국을 더 정확히 파악하기 위해서라도 구 중국에 대해서 더 자세히 논의해야 할 필요가 있을 듯하다.

구 중국(위)을 지칭하는 어휘 가운데 화하(華夏) 란 용어도 있다. 일반 독자들에게는 그 용어가 좀 낯설지도 모른다. 다만 화(華)는 우리에게 비교적 익숙한 편이고 하(夏)가 상대적으로 덜 익숙할 듯하다. 화는 화교 또는 중화(아래)의 화다. 하는 하나라의 하로 어느 정도 알려져 있는 편이다. 중국 대륙에서 진(-221~-206) 한(-206~220) 이전은 하, 은(상), 주의 이른바 3대다. 우리가 한두 번은 들어본 요, 순은 5제의 전설시대(황제, 전욱, 제곡, 요, 순)에 해당하고 우(禹)가 하를 건국한 인물이라고 알려져 있다. 여하튼 화하(위) 란 용어는 중국(China) 또는 중화(中華) 란 말이 담지 못하는 구 중국의 이른 시기의 모습을 어느 정도 연상시켜주는 것이라고 할 수 있다.

적어도 중화(위)보다는 화하(위) 란 용어가 중국의 중심부를 의미하는 중원(아래)과 더 어울리는 것일 듯하다. 중국 대륙에서 섬서(Shaanxi)/ 산서(Shanxi)/ 하남(Henan) 성은 상당 기간 중심적인 지역이었다 할 만한데 대략 중원(中原)이란 범위에 든다. 현재 섬서는 서북 지역으로/ 산서는 화북 지역으로/ 하남은 중남으로 구분되기는 하지만(보론 11) 그것은 현대의 중화민국(1912~1948) 중화인민공화국(1949~)을 거치면서 이루어진 지역

구분이다. 중국은 역사가 오랜 만큼 그 정치적 중심지도 중원에서 다른 지역으로 이동해서 10세기 이래 부각되는 북경 지역이 현재의 정치적 중심지이고 섬서/ 산서/ 하남(위)의 과거의 영광은 빛이 바랜 지 오래다.

여하튼 구 중국의 이른 시기의 모습은 중화(위)보다는 화하란 용어가 더 많은 것을 말해준다는 것은 분명하다. 중국 문명을 상징하는 황하는 청해성에서 발원해서 내 몽골의 오르도스 지역을 지나서 북에서 남으로 내려가고 다시 동으로 방향을 튼다. 대체로 북에서 남으로 내려가는 구간의 왼쪽이 섬서성이고 오른쪽이 산서성(하동)이고 다시 동으로 가는 구간이 하남성이다. 그 다음은 산동성이고 다시 발해 바다로 들어간다. 현재 섬서(陝西)성 특히 성도인 서안(장안)은 중국 대륙의 서부, 더 자세히 말해서, 서북(西北) 지역의 중심지에 불과하지만 오랜 기간 화하의 중심 지역 역할을 해 왔다. 서안(장안)은 한 왕조(전한)와 당 왕조의 수도였고 서주의 수도(함양)도 그 근처다.

산서(山西) 성은 전설 시대(위)의 요, 순과 하나라의 우(위)와도 관련설이 있지만 춘추 시대의 패자인 진 문공(심재훈 2021)으로 더 잘 알려져 있다. 진(晉)은 이른바 3진(三晉)으로 갈라지는데 한/ 위/ 조 가 그것이다. 그 가운데 위와 조는 전국 시대의 강자로 여겨진다. 그 가운데 최 북단인 조(趙)나라는 바로 북방(여기서는 물론 중국 기준이다)과 바로 인접한 곳이다. 북방은 4이(四夷) 가운데 북적이라는 이름으로 많이 알려져 있다(아래). 이른바 중원(위)의 북방은 현재의 내 몽골(내 몽고 자치구)로 이어진다. 당시의 북방의 집단은 중원 지역과 상대적으로 가까운 곳이어서 상당한 혼합이 있었다고 보인다. 다만 우리에게 비교적 익숙한 흉노와 돌궐(아래)은 이른 시기가 아니라 후대의 집단이다.

적어도 만주의 북방 북국(5) 특히 요, 금, 원, 청 이 부상하기 이전에는 흉노와 돌궐이 중원 북방의 위협 세력이었다. 한족 왕조 한은 흉노와의 관계에서 상당한 진통을 겪었고 수 당도 돌궐과의 관계가 순탄치 않았다. 알타이언어 사용 집단인 이른바 TMT(023') 가운데서 투르크(T) 계열의 언어를 사용하는 집단 또는 그와 가까운 집단이라 할 수 있는 그들은 유라시아 대륙의 서쪽으로 이동한다. 그들 집단은 중앙 아시아 지역으로 침투해서 결국은 그 지역을 장악하는데 그 지역의 이란(페르시아)계 집단과 혼합되고 이후 이슬람 화한다. 결국 투르크계는 그 뒤에는 더 이상 중원과 그 지역의 한족(11)을 심각하게 위협하는 세력이 아닌 셈이다.

　현재 한족 중심의 중국 대륙은 중국(China)으로 통칭이 된다. 그런데 방위칭이 들어가는 중국 이란 용어는 '가운데 중'이 의미하는 바와 같이 원래는 화하 또는 중원(위) 지역을 의미했다. 중국 이란 그 용어는 이후 그 지역을 중심으로 해서 그 주변의 민족 집단을 분류하는 북적/ 동이/ 남만/ 서융 이란 분류의 기준이 되기도 한다. 물론 돌궐(위)과 회흘(현재의 신강)과 토번(현재의 티베트)의 영향이 강한 시기에는 돌궐/ 회흘(회골)/ 토번 열전("구당서" 열전 144/ 145/ 146; "신당서" 열전 140/ 142/ 141)이 따로 구분되어 실리지만 주변 민족 집단은 대체로 북적/ 동이/ 남만/ 서융 이란 범주로 분류한다. "신오대사"의 '사이부록'(권 72, 73, 74)이란 열전의 4이 도 그 네 범주를 말한다("삼국유사" '기이제일' 마한 조의 4이 는 좀 다르다, 보론 3).

　구 중국(9, 10, 11, 12)의 중심부를 이루었던 중원(위) 지역을 주로 의미하는 화하(위)는 중화(中華)로 거듭난다(아래). 현대의 중국 대륙에서는 중국(위)을 대신해서 중화(위) 란 용어가 사용된다. 근 현대의 중화민국(1912~1949) 중화인민공화국(1949~) 이란 국호에도 모두 중화 란 용어가 들어가 있다. 현재 다 민족 국 가인 중화인민공화국은 중화 라는 용어를 다시 해석해서 한족 (위)을 중심으로 기타 55개 소수 민족을 포괄하는 개념으로 정 립하기 위해서 힘쓰고 있다('다원일' 론이 그것을 대표한다, Fei, 1988). 그렇다 하더라도 방위칭이 들어가는 (중국의)중을 포함한 중화 는 기본적으로 민족주의적인 의미로 사용이 될 수밖에 없다.

10 중국 문화

구 중국(9, 10, 11, 12)은 동 아시아에서 비교적 이른 시기에 선사 시대의 단계를 밟은 지역이다. 통상 그 주변부 특히 한반도와 일본 열도에 비해서 한 두 단계 앞선 전개를 보인다는 것은 인정할 수밖에 없는 사실이다. 일단 구석기시대는 제외하고 신석기시대를 보면 특히 황하 유역의 신석기시대는 청동기시대와 계기적으로 이어진다는 것이 중론이다(김정배 2006). 물론 현재의 중국 대륙에는 황하 유역뿐 아니라 요하 유역(홍산 문화)/ 장강 하류(하모도 문화)/ 장강 상류(삼성퇴 문화)의 여러 지역에서 각기 다른 신석기 문화가 나오지만 구 중국(위) 과의 관련은 제한적이다. 황하 유역의 앙소/ 용산 문화도 농경과 관련해서 잘 알려져 있다.

황하 유역 신석기 문화는 점차 그 지역의 청동기 문화로 이어지는데 상당히 독특한 모습을 보인다. 물론 기원전 2000년경에 시작되는 하나라는 아직 국가 단계로 인정받지 못하고 있지만 기원전 1600년경에 시작되는 은(상)나라는 그러한 청동기 문화에 기반한 국가로 분명한 흔적을 남기고 있다. 상당한 크기의 다양한 청동 제기, 악기와 거기에 새겨진 문자도 많은 것을 말해 주는데(심재훈 2018; 이승훈 2023) 일정 수준의 제도와 체제를 가진 국가임을 알 수 있다. 은나라는 그 후반부(기원전 1300년을 그 경계로 본다)를 거쳐서 기원전 1046년 주나라(서주)로 넘어간다. 서주(-1046~-771)는 "시경" "서경" "역경"의 시초가 되는 문헌이 나오는 등 인문적인 면에서 상당한 축적이 나온 듯한 양상을 보인다.

주나라는 변방의 유목 집단에서 비롯된 국가일 수도 있지만 중원(더 구체적으로는 현재의 섬서성 지역이다)(9)으로 들어가서 그 이전에 선사시대의 여러 단계를 지나면서 발전해 온 여러가지 문화를 계승해서 발전시킨 것은 분명하다. 서주는 중국 대륙에서 이른 시기에 봉건 제도를 시행한 국가로 잘 알려져 있다. 서주 초반의 여러 지도자 가운데 하나인 주공이 인문적인 수준을 상승시킨 인물이다(주공/ 소공이 잘 알려져 있는데 무왕의 삼촌이다). 춘추시대의 공자(아래)란 인물이 서주를 이상으로 보는 것이 우연한 일은 아닐 것이다. 주공이 활동한 서주를 하나의 이상적인 국가로 본 것은 단순히 복고적인 성향만은 아니었을 가능성이 높다.

서주가 정치적 혼란을 겪고 동쪽으로 수도를 옮긴 후에 이른바 동주(-771~-256)가 시작된다. 동주는 비록 정치적 안정 이란 면에서는 혼란기일 지도 모르지만 그 과정에서 문화적인 측면에서 많은 축적이 이루어진 시대라고 할 수도 있다. 그 전반부인 춘추시대는 비록 형식적으로는 동주의 왕을 존중하는 입장이지만 각 제후들 간에 치열한 세력 다툼이 전개된다. 황하 유역 특히 그 하류의 제나라 환공이나 그 중류의 진나라 문공 같은 패자(覇者)들이 등장하고 이후 상대적으로 외곽 지역인 초나라/ 오나라/ 월나라의 장왕/ 부차/ 구천 같은 인물도 패자의 반열에 오른다(김기협 2022). 그들 나라는 일제히 이른바 부국강병을 추구하고 지식인들의 자문을 구한다.

제후 〉 대부 〉 사(士)로 내려가는 서주 이래의 신분 사회에서 마지막의 사 계급은 시간이 지날수록 신분 체계에서 탈락하지만 그들은 기본적으로 교육을 받은 집단이다. 그들 집단은 지식인 층을 이루고 당시 세력 확장을 추구하던 제후 또는 야망 있는 대부들에게 여러 가지 방안을 제시하고 쓰임을 기대한다. 물론 공자 같은 이상적인 방안을 제시하는 개혁가도 있지만 그것과는 달리 매우 현실적인 방안을 유세하는 집단도 적지 않다. 법가/ 병가/ 묵가가 그러한 집단이다. 그들은 상당히 도덕적인 입장의 유가와는 달리 현실에서 바로 적용되는 법 체계/ 병법/ 수성술 등을 제시해서 바로 채택이 되어 실행으로 들어가는 경우도 적지 않다.

노장 사상도 물론 이상주의에 가까운 그 무엇을 제시하는 것이라 여겨지지만 "백서 노자"가 발견된 이후에는 '황로'라는 개념의 훨씬 더 현실적인 그 무엇을 추구한 것이라 보기도 한다. 이후 노장 특히 노자 계열의 사상이 한 왕조를 지나면서 오두미교를 거쳐서 도교로 발전한 것도 우연한 일이 아닐 것이다. 불로장생을 추구하는 흐름도 그들 집단과 관련이 있고 중국 사상 특유의 현실적인 면이 상당 부분 지배한다 할 만하다. 물론 현재 남한에서도 인기 있는 장자의 소요(逍遙) 제물(齊

物) 등의 사상과 묵자의 겸애(兼愛) 사상은 상대적으로 현실적인 부류의 사상과는 구분되는 측면이 있다. 묵자는 현실과 이상 두 가지를 다 갖춘 사상가라 할 수도 있다.

서주(-1046~-771)를 이은 동주(-770~-256)는 춘추와 전국 두 시대로 구분한다. 춘추시대의 춘추(春秋)란 용어 자체가 공자가 찬술한 역사서의 이름에서 나온 것이다. 공자의 유가는 서주 이래의 인문적인 교양을 보존하는 역할을 하면서 이후 현실적인 경향의 다른 제자 백가를 점차로 능가하게 된다. 동주 초반 동안 유가는 이른바 현학(顯學)이 아니었을 지 몰라도 서주 이래의 인문 교양을 대표하는 "시경" "서경" "역경"과 "춘추" 같은 고전을 공자가 집대성하면서 우위를 확보해 간다는 것은 상당히 흥미로운 사실이다. 전국시대는 그 이름이 말하듯이 더 이상 동주의 왕을 의식하지 않는 강자들이 각자의 생존을 위해서 또는 당시의 구 중국의 통일을 위해서 전쟁을 수행한 기간이었다.

제자 백가(위)는 전국시대에도 유가의 맹자, 순자/ 법가의 상앙, 한비자/ 노장의 장자 등 굵직한 인물들이 이론을 펼친다. 그 시대는 서쪽에서 세력을 키우면서 점차 동쪽으로 진출한 진(秦)(-255~-222)이 다른 강국을 병합하면서 끝이 나고 우리가 잘 아는 진시황의 진 제국(-221~-206)이 시작된다. 그렇지만 진 제국은 단명하고 유방이란 인물이 초 패왕을 누르고 한(-206~220)을 창립한다. 기원전의 200년과 기원후의 200년 도합 400년을 지속한 한 왕조는 초반의 구 중국(위)의 기반을 다진 국가라고 해도 과언이 아닐 것이다. 역으로 말해서 한(위)이 없었다고 한다면 이후 구 중국이 지금처럼 동질성을 유지하는 집단으로 남지 못했을 가능성도 없지 않다.

진 제국(위)을 거치면서 구 중국은 문화적인 측면에서 일종의 암흑기를 맞이한다. 전국시대 최후의 승자가 되기 위해서 철저하게 현실적인 노선을 추구해 온 진(위)은 법가 사상을 채택해서 비정한 법치를 구현하고 국력을 최대한 결집시켜 마침내 화하(9) 또는 중원의 통일을 이끌어낸다. 진 제국(위)도 그 과정에서 법가를 제외한 다른 제가 백가의 사상을 탄압해서 말살하는 반 문화 정책을 시행한다. 우리에게 잘 알려져 있는 분서갱유(焚書坑儒)가 바로 그것이다. 법가와 농가에 속하는 일부 서적을 제외하고는 모두 불태워버리고 서주 이래 구 중국의 문화를 대표하는 유가의 유자를 아예 땅에 묻어버리는 극단적인 정책을 시행해서 암흑의 시대로 들어간다.

한 왕조로 접어들면서 이전의 문헌들이 복원이 되고 주석이 가해져서 이른바 13경이 성립한다. "시경" "서경" "역경"은 유교에서 가장 중요한 3경인데 주 이래로 내려오던 글들이 공자를 거쳐서 서한(전한)에 와서 완성된다. 이후 공자가 찬술한 역사서 "춘추"(위)의 세 가지 주석인 "춘추좌전" "춘추공양전" "춘추곡량전"과 유가 사상의 한 축을 이루는 예학에 관한 "의례" "예기"와 제도를 통해서 이상 국가를 말한 "주례"(이른바 3례다)가 그 안에 포함된다. 이상의 9경 외에 "논어" "맹자" "효경" "이아" 등을 합해서 13경이 성립해서 구 중국 문화의 핵심을 이룬다. 유가는 유교라고 불리는데 한 왕조 때 이미 국교의 위치에까지 올라선다. 유교가 이후 시대에 따라 변화해 가는 모습은 한 정치 사상사 저작(김영민 2021)에 잘 나와 있다.

구 중국을 대표하는 용어에는 화하(9) 외에도 한(漢)이 사용된다. 그것은 그만한 이유가 있다. 진 제국(위)이 중원을 통일한 것은 맞지만 그것을 문화적인 측면에서 확고히 세운 것은 한 왕조가 분명하고 유교가 결정적인 역할을 한다. 유교는 이후 중국 뿐 만이 아니라 동 아시아의 중국 문명권(조동일 2010)이라 할 수 있는 한반도/ 일본 열도/ 베트남(월남) 에도 큰 영향을 끼친다. 꼭 사상사적인 면의 유교 사상이 아니더라도 유교가 만든 정치 체제와 제도가 해당 지역에서 핵심적인 역할을 한다. 또한 북방의 이민족이 구 중국인 중원을 정복한 후에도 그러한 체제와 제도를 내세우는 통치를 구사한다(책봉도 그 일부다)(8). 다만 유교란 용어는 가능한 한 엄밀하게 정의해서 사용할 필요가 있다(김영민 2021).

황로사상을 위시한 노장 도교 계열의 사상도 중국을 대표하는 사상이긴 하지만 그것은 지배층의 정통 사상이라 기 보다는 민중의 대체 사상이라고 보아야 할 듯하다. 이후 서역에서 불교가 도입될 때는 도교 계열의 사상을 가지고 이해하는 이른바 '격의' 불교를 거쳐서 점차 구 중국에 안착하고 이후 중국 특유의 선 불교도 나온다. 하지만 현세주의 성향이 강한 구 중국에서 유교는 큰 도전자 없이 지배층의 지배적인 사상으로 기능한 것은 사실이다. 다만 형이상학적인 체계가 상대적으로 취약한 유교에 불교 사상은 은연 중에 영향을 주고 그것이 남

송의 신 유학인 성리학(주자학) 체계를 이룩하는데 상당한 역할을 한다. 주자학은 한반도 3조(2)의 마지막 구간인 조선조에 결정적인 영향력을 행사한다.

적어도 한반도의 민족 집단(한민족 또는 조선 민족)에게는 구 중국(위)은 상당히 친숙한 편이다. 그것은 정치 군사적 측면도 그렇지만(12) 그보다도 문화적인 측면이 훨씬 더 큰 역할을 한 것인 듯하다. 20세기로 접어들면서 서양의 문화가 들어오기 전까지는 구 중국의 문화가 동 아시아 지역에서 보편적인 문화로 기능해 온 것이 사실이다. 단적으로 언어만 하더라도 한문이 공식 언어로 사용된다. 그 영향은 현재도 이어지는데 한자어가 한국어 어휘의 70%를 차지할 정도다(베트남어도 한자어 어휘의 70%를 차지하고 일본어는 말할 것도 없다). 한문이 아닌 문자 언어가 공식 언어가 된 것은 그다지 오랜 일이 아니다. 이른바 민족어는 20세기에 와서 정착한다.

현대에도 장안, 강남, 장강, 북망산(낙양) 같은 지명을 물론이고 공자, 맹자, 노자, 장자, 이백, 두보, 주자 같은 인명도 좀 지적인 대화에는 수시로 오르내릴 정도다. 이전 조선조를 기준으로 한다면 유교 경전 그 가운데서 신 유학(성리학)에서 중시되는 4서("대학" "중용" "논어" "맹자")와 "고문진보"(이장우 외 2020)가 가장 많이 읽힌 서적에 들어간다. 물론 20세기에 와서 이른바 서양의 신 학문에 들어와서 특히 미국 유학을 한 연구자를 중심으로 대학과 지식 사회가 전개되지만 유림과 동양 철학 전공자를 중심으로 한 전통 또는 복고의 경향이 가끔씩 고개를 든 것도 사실이다. 서양의 사상은 고대/ 근대가 중심이지만 20세기 후반 탈 근대 사상(이정우 2024)이 휩쓸면서 동양과의 접점을 시도하기도 한다.

11 한족

현재의 신 중국(보론 11)은 다 민족 국가인데 다수 민족인 한족과 기타 55개의 소수 민족(023')으로 이루어져 있다. 이른바 중화 민족 이란 말은 원래는 한족을 의미하는 것이지만 현재는 중국 대륙의 56개 민족 집단 모두를 아우르는 용어로 사용되기도 한다(9). 다수 민족 한족은 지구 상의 최대의 인구 집단을 이룬다(10억을 훌쩍 넘는 지 오래다). 한족의 한(漢)은 화/ 하 등과 함께 구 중국을 대표하는 용어인데(9) 기원전후의 장장 400년에 걸친 한 왕조(아래)가 그 국호로 삼은 바 있다. 한자/ 한문(고전어)/ 한어(현대어, 한어 2)의 한도 같은 글자를 사용한다. 중국 대륙의 다수 민족을 한족이라 명명한 것은 한(漢)이란 글자가 그만한 대표성이 있기 때문이라 할 수 있다.

유대인만큼은 아니지만 중국의 화교는 세계적인 네트워크를 가진 집단으로 알려져 있다. 한국도 최근 20세기를 지나서 21세기에 와서 본격적으로 한반도 밖의 디아스포라 동포를 조직하려는 움직임이 나오는데(1) 그에 비해서 중국의 화교는 그 역사가 길다. 화교는 대부분 한족 또는 한족에서 분기한 객가인이 그 주축을 이루고 있다. 세계화가 성큼 진행되던 19세기에 중국 특히 남 중국의 한족 또는 객가인(위) 집단은 영국 식민지이던 동남 아시아 또는 서부 개척 당시 인력이 필요하던 북미 등에 노동자(쿨리)로 들어간다. 그 가운데 특히 동남 아시아로 들어간 화교 집단은 그 지역의 상권을 장악하고 중요한 세력의 하나를 이룬다.

원래 한족(Chinese Han)은 유형 상 고도의 문명(023')을 기반으로 성립하는 민족 집단이다. 말하자면 이집트인, 그리스인, 로마인과 비슷한 유형이라고 할 만하다. 지구 상의 수많은 집단 가운데 이른 시기 고도의 문명을 기반으로 성립하는 집단은 손에 꼽힐 정도인데 한족이 그 가운데 하나다. 다만 이른 시기 황하 유역에서 성립한 한족은 일종의 정복자 기원(023') 유형으로 확산이 되고 진/ 한을 거치면서 그 과정이 어느 정도 완성이 된다고 할 수 있다. 구 중국(9, 10, 11,12)은 서주/ 동주/ 진 제국을 이은 한 왕조(-206~220) 때 그 문화가 상당히 성숙한 단계까지 가는데 특히 이전의 문헌이 13경으로 정리된다는 것을 앞서 언급한 바와 같다(10).

대략적으로 말해서 한족은 동주(-770~-256)를 거치면서 형성이 된다고 보아야 할 듯하다(동주는 춘추/ 전국 두 시대로 구분이 된다). 황하 유역의 문화를 배경으로 성립하는 원래의 한족 집단은 춘추 시대에 당시로서는 변방 지역에 해당하는 초나라(호북성)/ 오나라(강소성)/ 월나라(절강성) 등으로 확산이 된다(김기협 2022). 그들 지역의 민족 집단(민족 1)도 기본적으로 중국 대륙의 한 장어(Sino-Tibetan) 사용 집단 특히 한어(한어 1) 사용 집단인데 점차 황하 유역의 중심 집단에 편입되고 동화가 진행이 된다. 한족의 한어(한어 1)는 한 장어(위) 의 한어인데 다른 의미의 한어(한어 2)도 있다(아래). 참고로 한 장어의 장어 사용 집단은 티베트인이 대표적인데 중국 대륙의 일부 소수 민족 집단도 그 계통이다.

전국 시대로 접어들면 한족 집단은 남으로는 민월/ 백월 등의 집단이 거주하던 복건/ 광동 성을 거쳐서 홍강 유역(현재의 베트남이다)까지 진출한다. 그것은 유전자적 측면에서도 일부 증명이 되기도 한다(Wen 2004). 한족 남성이 위의 여러 지역의 여성들과 혼인하는 과정이 포함되기 때문이다. 대체로 인류 이동 과정에서 부계의 남성의 유전자가 더 중요한 요소로 간주되고 있는데 다만 총 이동 거리 란 측면에서는 여성이 훨씬 더 긴 것으로 나온다(그것은 물론 혼인 때문이다). 그 뿐 아니라 북으로는 연나라를 거쳐서 요서, 요동, 한반도 서북부(위만 조선도 그 가운데 하나다)까지 들어간다. 그러한 과정은 한족의 이주를 통한 문화(023') 적 전파의 과정이라고도 할 수 있다.

현재 중국 대륙에서 한족(위) 이외의 한 장어(Sino-Tibetan) 사용 집단(아래)은 오랜 기간 한족에 동화되지 않은 집단이라고 할 수 있다. 그들은 중국 대륙 기원의 소수 민족(023') 집단이라 할 만하다. 일단 장어 사용 집단(서장, 청해, 사천성)을 제외하고 한어 사용 집단을 보면 춘추 전국 이래로 (좁은 의미의) 중원에서 가까운 지역의 동 서 남 북의 집단은 상당수가 한족으로 포섭이 된다. 위에서 말한 바처럼 초나라/ 오나라/ 월나라 집단을 위시해서 그 너머의 민월/ 백월 계통의 집단까지 동화가 된다.

그 외의 장, 태, 묘, 요, 동, 수(023') 등의 집단은 외진 지역(현재의 광서, 귀주, 운남성 등이 대표적이다)으로 들어가서 소수 민족으로 남아 있다.

　진/ 한(위) 이후에도 중원의 한족은 다른 집단을 흡수한다. 정복자로 북 중국에 들어간 북조(356~589)의 지배층도 한화(漢化)되고 결국 한족으로 동화된다(수 당 왕조의 지배층은 그들 집단의 후예들이다). 그리고 북 중국을 정복한 요(907~1125), 금(1115~1234) 또는 원(1206~1368)의 지배층도 상당수가 한족으로 편입이 된다고 보아야 한다. 요는 북 중국의 북단인 연운 16주를 지배하고 금도 북 중국의 대부분을 지배하고 금을 정복한 원은 북 중국과 남 중국 모두를 지배한다. 그것은 10~14세기까지 상당히 긴 시간이다. 그 외에도 돌궐, 회흘(회골), 토번(이상은 "구당서" "신당서" 모두 열전이 있다)(9), 사타("신당서"에 열전이 있다) 출신 집단이 중원으로 들어가 동화된 경우도 있다.

　이민족 정복자로 들어간 집단뿐 만이 아니라 한족 왕조에 정복되어 중원으로 사민(徙民)이 된 집단도 한족으로 흡수가 된다. 주로 한족 왕조가 다른 국가를 정복한 다음 그 지역 민족 집단(민족 1)의 세력을 약화시키기 위해서 중원으로 대량 이주시키는 경우인데 고구려(기원전후~668) 유민도 그 범주에 든다. 고구려의 마지막 왕인 보장왕(개부의동삼사 조선군왕)과 그 아들 연(안동도호)과 손자 진(개부의동삼사 안동도호 담국공)과 그 후손은 말할 것도 없고 고선지("구당서"의 열전에 나온다) 같은 인물도 잘 알려져 있다. 백제 멸망 후 사민된 의자왕의 후손(보론 5)도 마찬가지인데 증손녀 태비부여씨의 묘지명도 그것을 잘 보여준다.

중국 대륙은 10세기 이전에는 중원 지역(섬서, 산서, 하남성이 중심이다)이 정치적 중심지이고 그 지역의 언어가 공용어로 사용이 된다(아언, 통어). 그런데 10세기 이후 점차 정치적 중심지가 북경으로 이동해서 명(초반에는 남경이 수도였지만 북경으로 옮겨간다), 청, 중화인민공화국을 거치면서 그 지역의 언어가 공용어가 된다. 현재 중국의 공용어인 만다린(Mandarin) 또는 푸통화(普通話 Putonghua)는 북경 지역의 방언(북경 관화와 관련이 있다)을 기초로 해서 현대 중국의 여러 문학 작품에 나오는 백화(白話 Baihua)를 가미해서 만든 것이다. 북경 지역의 언어는 일종의 혼성어(아래)인데 오랜 기간 북방 이민족의 지배를 받으면서 점차 당시 지배 집단의 공용어로 발전한 것이라 할 수 있다.

현재 중국의 표준어(만다린 또는 푸퉁화, 위)는 한어(한어 2)라고 부르기도 한다. 그 한어는 한족(위)의 한이 아니라 거란 요가 북 중국을 지배할 때 적용한 이른바 한법(漢法)(보론 6)의 한에서 유래한다고 보는 것이 훨씬 더 합리적일 것이다. 북방 북국(5) 인 요, 금, 원이 북 중국을 지배할 때 그 지역의 집단은 그들 민족 집단과는 다른 방식으로 지배한다. 한법, 한인(남 중국의 남인 과 대비되는 용어다)은 바로 북 중국의 한족과 관련이 있는 용어 다. 북 중국의 한인(위)들이 사용한 언어는 낮추어서 한아언어 (漢兒言語)라고 불리는데 그 언어는 한 장어 계통의 언어와 알타 이언어 계통의 언어(요, 금, 원의 지배층의 언어는 그 계통이다)가 혼합 된 일종이 크레올어(정광 2010) 라 한다. 그것이 발전해서 북경 관화가 되고 다시 현대의 만다린 즉 푸퉁화가 나온다.

언어학에서 말하는 한 장어(Sino-Tibetan) 가운데 장어 계통이 아닌 한어(한어 1) 계통의 언어는 다수 민족인 한족(위)의 언어 (오어, 민어, 월어, 감어, 상어 등 다양한 방언이 있다)와 소수 민족인 장, 태, 묘, 요, 동, 수(위) 등의 언어가 있다. 위에서 언급한 바와 같이 중국 대륙은 한족(위)이 황하 유역에서 성립되어 기원전에 이미 장강 유역으로 진출해서 그 지역의 상당수의 민족 집단(위)이 한족으로 흡수된다. 그렇지만 그 남쪽 지역 특히 서남 지역은 외곽에서 오랜 기간 정체성을 유지한 집단이 많다. 여하튼 한어(한어 1) 계통의 언어 가운데 특히 북 중국 북경 지역(위)의 한족(한인)이 사용한 언어가 이후 북경 관화와 현재의 중국과 대만의 표준어로 이어진다.

한반도의 민족 집단(한민족 또는 조선 민족)이 사용하는 언어인 한국어(023')는 중국 대륙의 한 장어 계통의 언어와는 구분된다(물론 인도와 유럽의 인도 유럽어와도 구분된다). 한국어는 이른바 알타이 언어(트랜스유라시아 언어 라고 부르기도 한다)와의 관련이 문제가 되어 왔다. 처음에는 한국어가 알타이 언어에 속한다는 이론이 강세였지만 이후 알타이 언어와는 별개의 고립어(다른 의미의 고립어도 있다) 란 이론(김주원 1991, 2006)이 나왔다. 최근에는 다시 막스 플랑크 연구소에서 한국어가 알타이 언어의 하나라는 것을 전제하는 이론(Robbeets 외 2021)이 제시된 바 있다. 한반도는 제주어를 제외하고는 거의 소통이 가능한 편인데 한반도 3조(2)를 거치면서 오랜 기간 균질화해 온 덕분인 듯하다.

12 정치 군사

　여기서 정치 군사(023')란 용어는 문화(023')와 대비되는 방
식으로 사용이 된다. 문화(위) 란 용어는 통상 '형질 및 유전
자'(023')와 대비되는 의미로 쓰이지만 정치 군사 란 용어와 대
비해서 사용되기도 한다. 이전의 동 아시아에서 구 중국(9, 10,
11, 12)의 문화(10)가 핵심적인 역할을 한 것은 너무나 분명하고
특히 한반도 지역이 구 중국 문화의 영향권이었다는 것은 말
할 필요도 없다. 그런 만큼 구 중국과 한반도 국가(1, 2, 3, 4)의
관계도 상당히 우호적이었던 것이 사실이다. 그런데 그것은
문화적인 면뿐 만이 아니다. 7세기 이래 구 중국의 국가와 한
반도의 국가는 정치 군사적인 면에서도 좋은 관계를 유지해
왔다. 다만 19세기 말 이래의 민족주의적 접근이 그 사실을 왜

곡한 것이라 해야 한다.

 구 중국(위)은 신 중국(보론 11)과는 여러가지 측면에서 다르
다. 그것은 신 중국이 독특한 현대화의 과정을 겪어왔기 때문
이다. 북국 제국 청의 지배를 받던 구 중국은 서양 열강이 잠
식해오자 먼저 탈 봉건의 근대화 과정을 밟고 이어서 사회주
의적인 현대화를 거치게 된다. 특히 중화민국(1912~1949)을 지
나서 중화인민공화국(1949~)으로 들어가면 구 중국은 완전히
새로운 존재로 거듭나게 된다. 신 중국은 만주와 기타 지역까
지 포함되는데 그것은 청(1616~1911)한테서 그들의 본래 영토인
만주뿐 아니라 그들이 개척한 여러 지역을 물려받기 때문이
다. 동 아시아 지역은 대륙이 사회주의권으로 재편이 되면서
새로 대두한 해양의 자유민주권과 대치하는데 신 중국(위)이
현재 그 대륙 쪽의 중심 역할을 한다.

 그 동안 중국 연구 특히 대 중국 전략과 관련한 연구에서 신
중국(위)과 구 중국(위)을 구분하지 않고 섞어서 논의하는 경우
가 많았다. 또한 구 중국(위)의 경우에도 한족 국가(아래)와 북국
제국(8)이 뒤섞여서 모두 중국이라는 하나의 용어로 지칭이 되

면서 논점이 흐려지는 사례도 적지 않았다. 또한 사대 문제(보론 10)도 '반 중국'이란 나이브한 민족주의(위) 입장에서 신 중국과 구 중국을 구분 없이 논한 경우가 대부분이다. 과거 한반도 국가(1, 2, 3, 4)의 구 중국을 향한 사대(보론 10)는 현재의 남한의 미국을 향한 사대와 사실 상 비슷한 면이 없지 않다. 두 경우는 서로 가치와 체제를 공유하고 동맹의 관계이기 때문이다. 반면 현재 남한의 신 중국을 향한 사대(보론 10)는 북한의 신 중국에 대한 사대와는 달리 이해할 수 없는 부분이 많다.

과거의 구 중국과 현재의 신 중국의 한반도 지역에 대한 의미가 전혀 다르다면 적어도 그 두 중국을 포함한 논의를 할 때는 두 용어를 구분해서 지칭하는 것이 훨씬 더 바람직할 듯하다. 이른바 중국은 하나의 단일한 존재가 결코 아니다. 무엇보다 신 중국을 향한 사대(위)는 그에 걸 맞는 이유를 분명히 해야 할 것이다(보론 12). 구 중국/ 신 중국은 동맹/ 잠재적 위협 세력 이라 할 만한 간극이 있다. 그것을 무시하고 하나의 대상으로 논의하는 것은 결코 바람직하지 않다. 더구나 사회주의 권인 신 중국과의 관계는 북한과 남한의 입장이 완전히 다르다고 해야 한다. 북한은 신 중국과 같은 진영이고 같은 가치를 추구하고 협력하는 관계다(물론 그 사이에도 문제가 없을 수가 없다).

한반도 3조(2)와 구 중국(위)의 동맹 관계는 대 신라와 당 (618~907)의 관계에서 시작된다. 한반도 3조의 첫번째 국가인 대 신라(통일 신라 또는 후기 신라)는 이른바 3국 통일 전쟁(3) 과정 에서 구 중국의 당(아래)과는 동맹 관계를 유지하고 이후 그것 이 한반도 국가(위) 외교의 기본 기조가 된다. 당은 7세기의 그 동 아시아 국제 전쟁에 참가해서 만주 지역 통합 국가인 고구 려(기원전후~668)를 멸망시키지만 이전의 고구려 지역에서 발 해(698~926)가 등장하면서 만주 지역을 지배하려는 기도가 무 산된다. 그 이후 약간의 우여곡절이 없진 않았지만 당과 신라 두 국가는 원래의 관계로 되돌아간다. 당은 그 이전에 비해 개 방적인 모습을 보이는데 수/ 당의 지배층은 한화(漢化)된 북조 (386~581)의 선비족 출신이다.

당이 쇠퇴한 뒤 5대(907~960)를 거쳐서 한족 왕조 송이 들어 선다. 송은 전반부인 북송(960~1127) 때는 발해 대신 들어선 만 주 지역의 통합 국가인 거란 요(907~1125)가 북 중국의 일부 (연운 16주)를 지배하고 그 후반부인 남송(1127~1279) 때는 여진 금(1115~1234)이 북 중국 전체를 지배한다. 그래서 '한반도 국가/ 북방 북국/ 구 중국'의 구도(김한규 2004; 이삼성 2009 a; 손동완 2022)가 더 명확하게 구현이 된다. 그 기간 동안 한반도 국가(위)인 고려조(935~1392)는 때에 따라 약간의 변동은 있었지만 기본적으로는 송과 동맹 관계를 유지하면서 바로 인접한 북방 북국(위)인 요와 금을 견제하는 방식의 전략을 취해 왔다. 그러한 구도는 압도적인 북국 제국 원(1206~1368)이 등장하면서 무너진다.

구 중국 중심부인 장안(섬서성)/ 개봉(하남성)을 수도로 삼았던 당/ 송 이후에는 정치적인 중심지가 더 북쪽인 북경 지역으로 옮겨간다. 이전의 연경(연나라의 수도)이었던 북경은 이미 북 중국을 일부 지배한 요(위)가 남경을 설치하고 그 대부분을 지배한 금(위)이 중경을 설치하고 수도를 옮기기도 한다. 이후 북국 제국(8)이라 할 수 있는 원(위)과 청(1616~1911)이 그곳을 수도로 삼으면서 본격적인 정치적 중심지가 되고 현재 신 중국(위)의 수도로 이어지고 있다. 현재의 신 중국의 표준어인 푸퉁화(Putonghua)도 10세기 이래 북 중국에서 사용되던 일종의 혼합어(한어 2)에서 나온 것이란 분석도 있다(11). 북경 관화도 당연히 그 언어와 관련이 있다.

　두 북국 제국(위)인 원과 청 사이의 한족 왕조인 명(1368~1644)
은 반원의 기치로 성립한 국가답게 남경(Nanjing)에 수도를 정
하고 역시 반원을 기도한 고려조 후기 공민왕과 그 이후의 이
성계 세력과 유대를 가진다. 원이 초원으로 물러가고(북원이 된
다) 난 뒤 명은 수도를 북경(위)으로 옮기고 조선조의 성립에 간
여하고 책봉 관계를 맺고 이후 당 송 이래의 동맹 관계를 유지
한다. 조선조 전기(1기)와 후기(2기) 사이에 일본이 조선을 침공
한 때도 명은 원군을 보낸 바 있다. 이후 원 이래 세력이 약화
된 만주 지역에서 다시 후금이 등장하고 청(위)으로 발전하는
데 명과 조선은 상당 기간 협력하는 모습을 보이지만 판세가
청으로 기울면서 그 관계도 끝이 난다.

　기본적으로 '한반도 국가/ 북방 북국/ 구 중국'의 구도가 지
속되지만 북방 북국(위)이 구 중국을 정복해서 천하 체제를 대
신하는 경우에는 이른바 북국 제국(8)이 구 중국(위)의 역할을
한다. 원과 청이 그것인데 그 두 제국은 한반도 국가를 구 중
국 대신 책봉하고 한반도 국가와는 정치 군사적으로 동맹의

관계를 유지한다. 그 기간 동안 한반도 국가는 장기간의 평화기를 구가하는데 아이러니가 아닐 수 없다. 앞서 논의한 바처럼 북국 제국(위)이 세력이 잃고 다시 구 중국(위)의 한족 왕조가 천하 체제를 대신하면 다시 원래의 그 구도로 넘어간다. 청이 멸망한 후에는 동 아시아의 7~19세기 까지의 구도가 '해양 대 대륙'의 구도로 전환(023') 된다.

보론

이하 022, 023', 024 a 는 각각 손동완 2022, 손동완 2023 부록, 손동완 2024 a.

보론 1

3한과 그 기원

현재 한반도 지역에는 남한인과 북한인 두 집단이 있다. 그 두 집단은 한반도 3조(대 신라/ 고려조/ 조선조)를 통해서 형성된 민족 집단을 기초로 한다는 것은 의문의 여지가 없다(본문 1). 한반도에서는 7세기 통일 전쟁(본문 3) 이후 모태(024 a) 집단이 나온다. 그 모태 집단도 하루 아침에 나온 것은 아니다. 그것은 대략 기원전후에 3한 지역에서 국(023')이 발생해서 연맹(023')을 이루고 다시 병합이 되어 고대 국가가 나오고 다시 그 고대 국가가 통합이 되는 과정을 밟는다. 3한 복합체(023')라고 할만한 그 모태 집단은 대 신라의 성립(676)으로 완성이 된다고 할 수 있다. 그렇다고 한다면 3한 지역을 빼고는 현재의 한반도의 민족 집단을 논할 수 없다고 해야 한다.

3한(023')에 대해서는 다시 외래적인 기원을 찾는 방식도 있지만(아래) 원래의 내재론(024 a) 적인 접근에 충실할 경우 당연히 3한 지역 기원전의 초기 농경 사회(-1000~-1)가 그 전 단계다. 그 사회는 지석묘(고인돌)를 표지로 하는데 여러 단계를 밟는다. 통상 시대 구분 상으로는 청동기시대로 분류되기도 하지만 처음에는 무문인(023')의 청동기 없는 청동기시대로 시작된다는 주장(윤무병 1975)도 있다. 이후 발해연안(024 a)의 동검 문화가 도입되어 지석묘에 부장되는 등 본격적으로 청동기와 관련이 된다. 결국 3한의 외래적인 기원(위)을 추구하지 않는 것이 훨씬 더 바람직하다 할 수 있는데 그것은 일종의 반 기원(손동완 2018)의 접근이라 할 수도 있을 것이다.

물론 3한 지역은 바로 그 위인 북쪽의 여러 정치 세력과 교류하고 교섭을 진행해왔다. 이미 기원전 100년경에 한 무제가 현재의 한반도 서북부에 해당하는 위만 조선(-194~-108)을 정벌해서 한 4군(보론 2)을 설치하는데 한 4군 가운데 특히 낙랑군은 3한 사회의 발전에 큰 영향을 미친다. 그러한 교류 교섭(023')이 3한의 외래적인 기원(위)을 찾는 방식으로 구현되기도 하는데 그것은 그다지 바람직하지 않은 듯하다. 그렇지만 기원(023')이란 말 자체가 외래설(023') 즉 외래적 기원론을 의미하는 용어로 많이 사용되고 기원 이란 주제가 상당히 집요한 면이 있는 편이라서 외래적인 기원을 찾는 시도를 완전히 도외시하기도 힘들다.

3한의 외래적인 기원(위)을 찾는 이론은 크게 봐서 두 가지로 나뉘는데 준왕설과 반 준왕설(아래)이다. 준왕설은 기자 조선(024 a)이 실재한다는 입장에서 나온 것이고 반 준왕설은 기자 조선은 실재하는 것이 아니라 가상의 설정이라 보는 입장에 서 있다. 기자 조선은 이른바 3조선(024 a)의 하나인데 고려조 전기에 소급(023')(10세기의 이른바 후 3국에서 기원전후의 3국으로 소급한다) 설이 나오고 다시 그 후기에 재 소급(023')(기원전후에서 기원전 3000년대로 재 소급한다) 설이 나오면서 이른바 3조선(024 a)의 하나로 설정된다. 3조선 가운데 위만 조선(024 a)은 실재하는 정치체이지만 단군/ 기자 조선은 고려조(후 고구려)에서 가상으로 나오는 존재라고 해야 한다.

먼저 준왕설은 이른바 기자 조선(위, 아래)의 마지막 왕인 준왕이 위만에게 나라를 내 주고 3한(마한) 지역으로 들어가서 그

맥을 잇는다는 이론이다. 준왕설은 이른바 준왕 설화("삼국지" '위서' '오환선비동이열전' 동이전 한 조, 네번째 기사)가 바탕이 된다. 위만이 조선(위)을 차지하자 기자 조선의 준왕이 좌우궁인(左右宮人)을 데리고 해로로 마한 지역으로 들어가는데 준왕이 한지(韓地)로 가서 한왕(韓王)을 칭하고 이후 그가 죽은 뒤에 한인(韓人)들이 그의 제사를 지낸다는 것이 그 기사의 내용이다. "삼국유사"('기이제일' 마한 조, 첫번째 기사)에도 준왕 설화가 나오는데 "삼국지"의 기사를 그대로 옮긴 것이다.

3세기 구 중국의 역사서에 등장하고 13세기 한반도 국가의 역사서에도 나오는 준왕 설화(위)는 당연히 그 역사적인 맥락이 있다. 구 중국 한 왕조를 거치면서 세력을 확대해 온 유교는 한반도 국가에도 영향을 미친다. 고려 조선 양조를 통해서 유교가 정치 이데올로기 역할을 하고 유학자들이 핵심 세력을 이룬다(본문 2). 그래서 그 양조를 통해서 기자 조선(위)의 기자가 동국(한반도 국가)의 기원이라는 기자 기원론은 상당한 세를 이룬다. 특히 조선조의 핵심을 이루는 유학자 층은 그들의 기원이 기자라는 것을 믿어 의심치 않는다. 견훤의 마한 계승론을 반박("삼국유사" '기이제일' 마한 조)하는 일연과 그 제자들까지도 그 대열에 가세한다.

그런데 준왕은 기자 조선(위)의 마지막 왕이 아니라 앞서 언급한 바와 같이 '역사 상의 조선'의 마지막 왕이고 준왕설은 동아시아 지역에서 유교가 지배적인 정치 이념이 되면서 나오는 픽션일 가능성이 높다. 이른바 기자 조선과 기자 기원의 바탕이 되는 것이 기자 설화("상서대전" 권2; "사기" 권48; "한서" 권95; "삼국지" 권30; "후한서" 권85)인데 그것 자체가 유교의 부상과 관련이 있다. 연나라에서 망명한 위만이란 인물이 한반도 서북부의 조선(역사 상의 조선)을 차지할 때 기자 조선(024 a)의 마지막 왕이라 설정이 되는 준왕은 그러한 맥락 속에서 각색이 된 것이라고 해야 한다. 반 준왕설(아래)은 기자 조선(위)을 부인하는 '반 기자 조선론'(손동완 2018)을 그 이면에 깔고 있다.

다음으로 '반 준왕설'은 조선계/ 한족계 두 설이 대표적이다. 그 중에서 먼저 한족계 설(손동완 2018)을 보면 기원전 200년경을 시대 배경으로 하고 있는데 바로 위에서 논의한 준왕설과 거의 같은 시기다. "삼국사기"(1145) '본기'의 마지막 부분(권28 '논')에서 김부식은 '진 난 즉 진 제국 말의 난리를 겪을 때 많은 중국인(中國人)들이 해동으로 도망해왔다'라고 말하는데 그 때의 중국인은 한족계에 해당한다. 김부식이 '논'(위)에서 여러가지 기원 이론을 나열하면서 그 가운데 하나인 중국인(위)을 언급하는데 그것은 신라(진한)의 기원에 대해서 말한 것이다. 그 이론은 "삼국지"('오환선비동이열전' 동이전 한 조, 열한번째 기사, 진한전)에 근거한 듯하다.

3세기에 편찬된 "삼국지"(위)에는 진한 지역의 노인(기로)들이 자신들이 진역(秦役)을 피해서 한국(여기서 한국은 현재 우리가 말하는 '한국인'의 한국이 아니라 마한, 진한, 변한의 3한국 을 말한다, 3한국 이란 용어는 다른 중국 사서인 "양서"에 나온다)으로 도망친 사람이라고 말하는 기사가 있다. 그들은 먼저 마한으로 들어가는데 마한이 그 동쪽의 땅인 동계(진한)를 떼어주고 거기서 살게 했다는 내용이다. 그것은 또한 당시 3한 지역에서 마한이 가장 선진적인 정치체임을 말해주는 기사이기도 한데 "삼국사기"(권1, 혁거세거서간, 38년)에도 그러한 위상의 마한이 나온다(동계, 북계, 서계 등의 용어는 상대적인 용법인데 예를 들면 준왕은 망명한 위만에게 서계의 방위를 맡긴다).

반면 조선계 설(손동완 2018)은 그 배경이 기원전 100년경이다. 상당히 이념적이라 할 수 있는 3한 정통론(준왕설) 또는 어느 정도 과장된 한족계설(위)에 비해서 조선계 설은 상대적인 의미에서 현실적인 것이라 볼 여지는 있다. 조선계 설은 한족계가 아니라 위만 조선(위) 그리고 이어지는 한 4군(보론 2)의 한 부분을 이루는 조선계(023')집단이 3한 지역으로 들어가서 그 지역의 정치 세력이 된다는 서사다. 이른바 조선 유민("삼국사기" 권1, 혁거세거서간, 즉위년)/ 조선지유민("삼국유사" '기이제일' 72국조, 통전 인용)이 그들이다. 조선 유민이 산곡지간(山谷之間)에 나뉘어 살며 서라벌 6촌을 이룬다/ 조선의 유민이 3한 70여 국으로 이산한다 는 것이 그 내용이다.

조선계 설(위)은 발해연안(024 a)과 위만 조선(024 a)과 3한(위)을 일관적으로 파악한다고 할 수도 있다. 위만 조선을 구성하는 두 가지 집단 가운데 하나인 조선계는 기자 조선(024 a)이 아니라 '역사 상의 조선'(위)의 후신이고 '역사 상의 조선'은 바로 발해연안(위)에서 기원하기 때문이다. 그렇지만 조선계설도 문제가 적지 않은데 그 이론은 위만 조선을 구성하는 다른 한 집단인 한족계 기원설로 돌변(023')할 수 있다. 그 뿐 아니라 남한의 어떤 연구자도 7세기까지의 역사를 조선계를 중심으로 구성하지 않는다. 대부분이 3국설(023')에 근거해서 3국을 중심으로 역사를 보기 때문이다(본문 4). 큰 줄기에서 볼 때 발해연안(위)설이라 할 수도 있는 조선계설은 '미완의 입론'이라 할 수밖에 없다.

이상의 3한의 기원이란 논의는 기본적으로 3한 사회와 그 북쪽의 교류 교섭(위)을 반영하는 것이다. 기원전 200년경을 시대 배경으로 하는 준왕설(3한 정통론)의 준왕도 그렇지만 기원전 200년경/ 기원전 100년경을 포괄하는 한족계/ 조선계 설(위)도 3한 지역과 그 북쪽 지역 사이의 교류와 교섭이란 시각에서 해석이 충분히 가능하다. 위만 조선(위)이 멸망하고(-108) 그 지역에 한 4군(위) 특히 낙랑군이 들어선 시기에도 교류와 교섭은 이어진다(보론 2). "삼국지" 한 조(위)의 다섯번째 기사에서도 그러한 흐름이 포착된다. 거기에 나오는 위만 조선(위)의 마지막 왕인 우거왕 때 조선상(朝鮮相) 역계경이 진국으로 간다는 기사와 3한의 우거수(右渠帥) 염사치가 낙랑으로 망명할 때 길에서 한족인 낙랑 포로를 만난다는 기사가 그것이다.

참고로 그 동안 한반도의 한민족(조선 반도의 조선 민족)의 기원 이론(023')에서 남한의 3한설(023')/ 북한의 평양설(023')이 두드러진다. 현재의 남한/ 북한을 대표하는 그 두 이론은 이른바 내재론(내재 발전론)에 해당한다. 그들 이론과 대비되는 것이 바로 외래설(외래 기원설)인데 북방설(시베리아설)/ 발해연안설/ 부여설/ 해양설 등이 대표적이다. 이상의 이론들은 모두 당대설(024 a)에 해당한다. 20세기에 나온 당대설과 대비되는 것이 바로 고려조의 전통설(024 a)인데 3국설(023')과 3조선설(023')이 대표적이다. 전통설(위)과 구분이 되는 당대설(위)은 내재론(위)와 외래설(위)로 나뉜다.

보론 2

한 4군

한반도 중남부인 3한 지역은 기원전 1000년기의 초기 농경 (023') 사회를 거치고 나서 기원전후에 국(023') 이란 소 정치체 의 발생을 기점으로 그 지역 특유의 사회가 발전해 나간다(보 론 1). 그 과정에서 그 주변 지역과 교류 교섭(023')을 진행한다. 3한 지역은 그 남쪽인 바다 건너 일본과도 교류한 흔적이 없 지 않은데 임라(보론 4) 관련 논의는 그것을 잘 말해준다. 그보 다는 북쪽 지역과의 교류 교섭이 더 중요한데 기원전후에서 약 300년까지 북쪽의 한 4군 과의 관련이 핵심적이라고 할 수 있다. 물론 3한 지역(위)은 300년 이후에도 그 지역의 국가들이 그 북쪽의 국가들과 교류 교섭 하는데 고구려(기원전후~668)가 대표적이다.

기원전후 시기 북계(보론 7) 지역에는 구 중국(본문 9, 10, 11, 12)
의 세력이 들어오고 위만 조선/ 낙랑군(한 4군)을 거치면서 상
당 기간 그 지역에서 영향력을 행사한다. 3한 지역과 당시 선
진적인 문화를 가진 그들 집단의 교류 교섭은 결코 소홀히 할
수 없는 문제다. 한 4군(~108~313)은 한 무제가 한반도 서북부에
설치한 정치체인데 구 중국(위) 기준으로 3국/ 서진(265~317)까
지 이어진다. 3국(220~280)은 위(220~265) 촉한(221~263) 오(222~280)
의 3국인데 한반도 지역과 관련해서 자주 인용되는 "삼국지"
는 바로 그 시대의 역사다. 그 저작의 '오환선비동이열전'(권30)
의 동이 부분(부여/ 고구려/ 동옥저/ 읍루/ 예/ 한/ 왜인)이 유명하다.

구 중국은 전설시대를 지나고 서주/ 동주(춘추 전국 시대)를 거
쳐서 진/ 한으로 가는 과정에서 한족(본문 11)이 성립하고 확산
한다. 한족은 북쪽으로는 연나라를 넘어서 요서/ 요동을 지나
서 한반도 서북부까지 들어간다. 고려조 후기를 대표하는 역
사서라 할 수 있는 "삼국유사" "제왕운기"에서도 한 4군은 상
당한 비중을 가진다(아래). 그것은 기원전후 한반도의 역사와
한 4군은 도저히 떼려야 뗄 수 없는 관계이기 때문일 것이다.
19, 20세기를 지나면서 민족주의(박찬승 2010)가 득세하면서 한

4군은 무언가 부정해야 할 대상으로 몰리지만 그것은 그렇게 간단한 문제는 아니다. 유사 역사학자들은 한 4군이 북계(보론 8) 지역에 있었다는 것까지 부인하는 모습을 보일 정도다.

적어도 한 4군(위)은 기원전후 한반도 지역에서 구 중국(위)의 문화(본문 10)를 전파하는 통로가 된 것은 확실하다. 동 아시아 지역에서 구 중국의 문화가 그 지역에 핵심적인 역할을 한다는 것은 부인하기 힘들다. 동 아시아 세계((Nishizima 1983) 또는 동 아시아 문명권(조동일 2010)이라 할 만한 권역을 이루는 그 지역은 한문을 공동 언어로 사용하고 유교(김영민 2021)의 사상과 정치 체계를 도입하고 구 중국과는 책봉 조공의 관계를 맺는 외교 관계를 수립하는 등 다른 지역과 구분되는 독특한 문화를 공유한다. 19세기까지 유지된 그러한 문화는 한반도 지역의 경우는 한 4군 특히 낙랑군을 통해서 한자, 한문, 유교, 제도 등이 들어오면서 시작이 된다고 보아야 한다.

이전의 '한 4군이 나뉘어서 3한이 된다'("삼국유사" '기이제일' 72국 조, 두번째 기사/ "제왕운기" 권하, 한 4군 부분)(아래)는 시각도 3한의 초기 국가(72국 또는 78국으로 표현된다) 형성과 관련해서 한 4군이 상당한 영향을 미친다는 것을 어느 정도 말해주고 있다. 물론 거기서는 3한과 3국의 구분이 분명하지 않아서 3한 지역을 분명히 구분하지 않고 그 북쪽과 섞어서 언급하긴 하지만(3한 3국론, 023) 한 4군과 3한의 정치체를 연결시켜 본 것은 주목할 만하다. 한 4군이 한반도와 주변 지역의 초기 국가 형성에도 영향을 준다는 것은 남한 학계의 3한 연구가 심화되면서 다시 제기된 바 있다(이종욱 2002). 외국에서도 그러한 시각이 나온 바 있는데 하나는 미국에서 또 다른 하나는 일본에서 나온다.

미국 학계에서는 한 4군 특히 낙랑군이 한반도와 그 주변 지역의 초기 국가 형성에 상당한 영향을 끼친다는 것을 논증한 저작이 나온다(Pai 2000). 거기서는 주로 문화적인 측면에서 문화 접촉(cultural contract) 또는 문화 변용(acculturation)이란 개념을 사용해서 설명한다. 또한 한국 선사시대가 '낙랑 상호 영향권'(Lelang Interaction Sphere)이라 할 만한 범위에 들어 있고 그 영향 하에서 그 지역의 초기 국가가 형성되고 그 국가들이 이후 한반도의 정치 세력으로 이어진 만큼 한 4군의 문화적 영향력을 소홀히 할 수 없다는 견해를 밝힌다. 한 4군에 대한 기존의 민족주의(위) 적 해석을 넘어서는 시도 가운데 하나라고 할 수 있다(아래).

다른 하나는 일본 학계에서 나온 것인데 낙랑군과의 교섭이 동 아시아 문화권 형성의 계기가 된다(이성시 1998)(서론)는 지적이다. 그것은 동 아시아 문화권(이성시 2001)(제 3부)이란 거시적인 개념을 기초로 해서 나온 것인데 그 이전의 일본학계의 동 아시아 세계((Nishizima 1983) 또는 이후의 동 아시아 문명권(조동일 2010)과도 맥락을 같이 한다. 한 4군 특히 낙랑군과의 교섭이 초기 국가를 넘어서서 7세기의 한반도와 일본 열도뿐 아니라 북방 북국(본문 5)인 발해의 문명화(일본 학계는 그 이전을 대체로 '미개 사회'로 규정한다)를 가져오고 율령 국가를 성립시켜서 고대 국가(일본 역사학계는 그 성립 시기를 상대적으로 늦게 설정한다)는 물론이고 각 지역 민족 형성에도 영향을 미친다는 입론이다.

그런데 미국과 일본에서 나온 한 4군 특히 낙랑군을 중시하는 입장은 의외로 근대와 민족주의(위) 란 논의와도 무관하지 않다. 배형일은 그 저작(Pai 2000)의 제목이 잘 말해주듯이 한민족(조선 민족)의 기원을 '구성하는'(constructing) 근대의 서사란 큰 틀 안에서 고대를 여러 가지 고고학, 역사학, 민족 신화를 중심으로 다루고 있다. 낙랑에 관한 논의(박사 논문)가 근대의 서사 란 기본 흐름과 정확히 들어맞지 않을지도 모르지만 고대사와 민족 신화가 근대의 해석이 가미된 것일 수밖에 없다는 점은 충분히 전달이 되고 있다. 그는 이후 근대와 민족주의 연구에 매진하는데 그 저작은 그 서막에 해당한다고 할 수도 있을 듯하다.

한편 이성시는 한국에서 시차를 두고 출간한 두 저서(아래)에서 동 아시아의 고대사가 현대에 해석된 역사란 것을 지적하고 있다. 100년 남짓 된 것인 각국의 고대사는 현대의 각국의 민족(민족 2)(023')) 또는 국가의 관점에서 만들어진 것이란 주장이다(이성시 2001, 2019). 특히 현대의 동 아시아에서 고대사가 투쟁의 장이 된다(이성시 2019)는 그의 시각은 한국과 일본은 물론이고 한국과 중국 사이에 그 동안 진행된 이른바 역사 전쟁이 그것을 잘 말해 준다. 그 뿐만이 아니다. 한반도의 두 국가인 남한과 북한, 특히 북한도 남한에 대한 우위를 주장하기 위해서 양계 지역(보론 7, 8)을 중심으로 한 역사를 구성하고 있다. 이른바 북국 계보론(023')의 고구려 발해(023')가 대표적인 예다.

앞서 나온 고려조 후기의 "삼국유사" "제왕운기"는 좀더 부연 설명할 필요가 있을 듯하다. 먼저 일연과 그 제자들은 '한 4

군이 나뉘어서 3한이 된다'는 입장을 피력하고 법령점번(法令漸煩)이란 아주 유교적인 이유를 대고 있다. 그들은 "삼국유사" '기이제일' 72국 조에서 "후한서" 인용(72국 조는 "통전" 인용과 "후한서" 인용 두 기사로 되어 있다)에서 그러한 견해를 밝힌다. 참고로 "삼국유사" '기이제일'은 기원전후 한반도와 그 주변 지역의 여러 정치체를 나열하고 있는데 위만 조선(위) 다음에 마한/ 2부/ 72국(3한)의 순으로 나와 있다. 목차의 2부는 한 4군을 말하는데 한 4군은 평주 도독부(평나/ 현토)와 동부 도위(임둔/ 낙랑)로 나뉘어지고 여러 차례 개편이 된다(후반에는 낙랑군 남쪽에 대방군이 설치되기도 한다).

한편 이승휴는 일연의 법령점번(위) 대신 풍속점리(風俗漸醨)를 '한 4군이 3한으로 나뉘는' 원인으로 지목한다. 그 입론은 "제왕운기"(권하) 한 4군 부분에서 나오는데 '동국군왕 개국연대'("제왕운기" 권하 의 별칭이다)는 3조선(위)을 나열하고 그 다음에 한 4군을 배치한다. 그 뒤에 신라(신라시조 혁거세)를 놓고 다시 그 뒤에 고구려(고구려기)/ 후 고구려(후고려기) 그리고 백제(백제기)/ 후 백제를 놓는다. 그는 한 4군 부분에서 3한(023')에 대해서 논하는데 물론 3한과 3국을 뒤섞어서 언급하는 이른바 3한

3국론(023')이긴 하지만(위) 일연과 그 제자들과 마찬가지로 '한 4군이 나뉘어서 3한이 된다'는 입장은 동일하다.

이상의 일연/ 이승휴의 '법령이 점차 번거러워져서'/ '풍속이 점차 박해져서'는 모두 유교적인 이상적인 상태가 와해되는 것을 '법가적인 방식이 유행한다'/ '도덕이 붕괴된다' 등의 이유 때문이라 제시한 것이다. 말하자면 둘 다 기본적으로 그러한 과정 자체가 그다지 바람직하지 않다고 보고 있는 셈이다. 특히 이승휴("제왕운기" 권하)는 그것이 한 황제(漢皇)의 원대한 뜻(遠意)이 손상된 것으로 보아 상당히 사대(023')적인 면을 보인다. 여하튼 '한 4군이 나뉘어서 3한이 된다'는 것은 그 자체가 정확한 사실은 아니지만 이른바 3조선(위)에서 3한(위)으로 가는 과정에서 그 중간에 한 4군이라는 매개체를 설정한다는 것은 분명하다.

이상에서 논의한 바처럼 이전의 고려조 후기의 "삼국유사" "제왕운기"는 물론이고 현대의 미국과 일본에서 나온 연구도 기원전후의 한반도 지역에서 한 4군의 영향력이 상당하다는 것을 보여주고 있다. 또한 2000년 이후 남한 학계에서 축적된 연구 성과도 3한 사회와 그 북쪽의 한 4군과의 교류 교섭(023')이 중요한 부분이란 것을 거듭 밝히고 있다. 그렇다고 할 때 단지 북계 지역의 한 4군이 구 중국(위) 영향 하의 정치체란 이유만으로 그것을 역사에서 삭제하려고 드는 유사 역사학자들의 태도는 문제가 있다고 해야 한다. 북방 북국(위) 못지 않게 구 중국(위)도 한반도 국가의 존재 양상에 중요한 부분을 점하고 있는데 기원전후의 한 4군도 그 가운데 하나라고 해야 한다.

보론 3

4이, 9이, 9한, 예맥

"삼국유사" '기이제일' 마한 조(아래) 두번째 기사는 4이, 9이, 9한, 예맥(아래) 이란 민족 집단(023')에 관한 기사가 나온다. 마한 조는 두 부분으로 이루어져 있는데 하나는 마한에 관한 기사이고(아래) 다른 하나는 민족 집단(민족 1)의 분류에 관한 것이다. 앞 부분의 마한에 관한 기사는 이른바 마한 정통론(3한 정통론)(023')(준왕론)으로 잘 알려져 있다(보론 1). 그런데 뒤 부분의 민족 집단의 분류에 관한 것도 상당히 흥미롭다. 거기서는 4이, 9이, 9한, 예맥(위) 이란 집단에 관한 내용이 나온다. 일연과 그 제자들은 그 이전의 문헌을 인용해서 그들 집단을 간략하게 설명하고 있다. "주례", "삼국사"(삼국사기), "회남자"(주), "논어정의", "해동안홍기"가 그것이다.

참고로 "삼국유사"는 총 5권에 8개의 주제로 나뉘어져 있다. 기이제일(권1) 기이제이(권2)의 '기이'(紀異)가 분량이 가장 많고 흥법제삼/ 탑상제사(이상 권3), 의해제오(권4), 신주제육/ 감통제칠/ 피은제팔/ 효선제구(권5) 로 이어진다. 다만 일종의 부록에 해당하는 '왕력제일'(신라, 고구려, 백제, 가락의 연표가 실려 있다)은 '기이제일' 앞 부분에 실려 있다. '기이'(위)는 문자 그대로 신이(神異)(023')한 것을 기록한다는 의미지만 역사에 관한 내용이 대부분을 이루고 있다. '기이제일'은 서(敍曰) 다음에 고조선(왕검조선)/ 위만 조선/ 마한/ 2부(한 4군)/ 72국(3한) 등의 정치체가 나열되고 이어서 3국(고구려, 변한 백제, 진한)이 간략히 나오고 그 뒤로는 신라 관련 기사다.

마한 조(위) 두번째 기사 가운데 "주례" 인용에는 4이 9맥/ "삼국사"(삼국사기) 인용에는 예 맥/ "회남자"(주) 인용에는 9이/ "논어정의" 인용에는 9이/ "해동안홍기" 인용에는 9한이 각각 나온다. 우선 9맥은 그 바로 다음에 나오는 동이의 종류(東夷之種)는 9이(九夷)란 설명에서 볼 때 9이와 비슷한 맥락으로 사용한 듯하다. 맥 이란 집단은 기원전 구 중국(본문 9, 10, 11, 12)에서 그 북방의 집단을 일컫던 이름이다(김한규 2004). 다만 9맥은 "삼국지" 동이전(보론 2)에서 비교적 자세한 민족 집단 분류(부여/ 고구려/ 동 옥저/ 읍루/ 예/ 한/ 왜인)(023')가 나오기 이전인 한 왕조 당시의 인식이 반영된 것이라 할 수 있고 북방의 민족 집단을 의미하던 그 용어는 점차 그 비중이 줄어든다.

구 중국(위)과 그 영향권 하의 지역에서는 9란 숫자가 즐겨 사용된다. "해동안홍기" 인용의 9한(九韓)도 9란 숫자가 나온다. 그것은 선덕여왕(632~647 재위) 당시 경주 황룡사 9층탑 건축과 관련이 있다. 9층탑과 관련한 기사는 '기이제일'(위) 뿐 아니라 '탑상제사'(위)의 황룡사 9층탑 조에도 등장한다. 9한은 여왕 당시 신라를 위협하던 9가지 집단인데 일본, 중화, 오월, 탁라, 응유, 말갈, 단국, 여진(여적), 예맥이다(괄호 안은 "동도성립기"의 용어다). 마지막에 나오는 예맥(023')을 인증하는 과정에서 9한이 거론된 것 같다. 9층탑 관련 예맥(위)과 "삼국사"("삼국사기") 인용의 예 맥(위)은 이른바 '예 맥 또는 예맥'(023')인데 예맥계 잔여 집단을 의미하는 용어로 사용된다.

9이를 보면 "회남자"와 "논어정의" 같은 한 왕조(-206~220) 때의 문헌을 인용해서 설명한다. 그렇지만 그 내용은 당연히 서진(265~317) 때의 "삼국지"('위서' '오환선비동이열전')의 기사에 비해서 정보의 질이 많이 떨어진다. "회남자"(주) 인용은 동이(東方之夷)의 종류가 9종이란 것이고(9는 일반적인 숫자이고 특별한 의미는 없다고 할 수 있다) "논어정의"는 9이가 현토, 낙랑, 고려(고구려), 만희(滿餙), 부유(부여), 소가(素家), 동도(東屠), 왜인, 천비(天鄙) 란 것인데 고구려, 부여, 왜인 외에는 부 정확한 면이 많다. 9란 숫자를 맞추기 위해서 현토, 낙랑 같은 한 4군(보론 2)까지 동원이 되고 만희, 소가, 동도, 천비 도 존재가 상당히 불 분명하다.

(9한의)예맥 또는 예와 맥의 집단은 구 중국 기준으로 '동이'란 범주로 분류된다. 동이는 물론 동이/ 서융/ 남만/ 북적(위)의 동이인데 원래는 기원전의 시기 중국 대륙의 이른바 중원 또는 중국("신오대사" '사이부록' 발해 조에도 '중국'이란 용어가 나온다) 주위의 동 서 남 북의 민족 집단을 대략적으로 부르는 이름이다. 그런데 대륙(위)의 서/ 남/ 북쪽은 너른 외곽 지역을 형성하고 있는데 비해서 동쪽은 바다로 가로막혀 있다. 그래서 동쪽의 민족 집단인 동이(동이 1)는 비교적 이른 시기에 중원 또는 중국으로 흡수된다. 공자 시대에도 몇몇 동이(동이 1)가 언급되긴 하지만(주로 래, 서이 등 산동성의 외진 지역의 집단이다) 전국시대

를 거치면서 거의 동화된다.

중원(中國) 남쪽은 춘추 전국시대를 거치면서 바로 아래의 민족 집단(초/ 오/ 월)은 급속히 한족(본문 11) 화되지만(김기협 2022) 그 너머의 광활한 지역은 오지가 많아서 이른바 남만 집단은 상당히 오랜 기간 유지되는 편이다. 남조 만(蠻), 장가 만, 곤명 부락, 점성("신오대사" '사이부록')이 대표적인데 명 청 이후 그 지역에 한족이 본격적으로 들어간 이후에도 곳곳에 소수 민족이 점재하고 있다(광서 장족 자치구의 장족 壯族 이 최대의 인구 집단이다). 한편 중원 서쪽은 남쪽보다 더 광활한 지역이고 북국 제국 청이 그 지역을 점거해서 티베트(토번, 서장 자치구) 위구르(회골, 신강 위구르 자치구)가 현재 신 중국의 일부를 이루고 있다. 중원 북쪽은 맥(위)이란 집단이 나온 이후로는 흉노/ 돌궐(투르크계)과 기타 몽골계가 주로 활동한다.

당연히 동 서 남 북의 방위칭(方位稱)은 상대적인 용어일 수밖에 없다. 예를 들면 동해 란 용어도 한국/ 일본/ 중국이 각기 다 다른 바다를 의미한다. 한국의 동해는 한반도와 일본 열도 사이의 바다를 말한다(그 바다는 국제적인 명칭이 한국해 에서 일본해로 바뀌면서 논란이 계속되고 있다). 한편 일본의 동해(동해도의 동해인데 규슈의 서해도/ 시고쿠의 남해도와 대비된다)는 태평양 쪽 바다를 말한다(일본은 그 외에도 우리 동해 쪽의 산음도와 북육도가 있고 그 아래의 산양도와 동산도가 있다). 중국(중화인민공화국)의 동해는 동부 해안에서 황해 아래의 바다인데 우리의 남해에 해당한다. 엄밀히 말해서 방위 칭이 들어가는 용어는 일방적으로 사용하고 주장하기 힘든 측면이 분명히 있다.

통상 4이(위)는 구 중국의 중원(중국)을 중심으로 해서 그 주변의 동 서 남 북의 민족 집단을 총괄하는 용어이긴 하지만 위의 4이, 9이, 9한, 예맥 의 4이는 좀 다른 의미일 수도 있다. 물론 "주례" 인용의 설명을 볼 때는 4이를 동 서 남 북 모두를 의미하는 것이라 할 수도 있다(참고로 "주례"는 이전에는 문자 그대로 주나라 때의 저작이라고 보았지만 전국시대 또는 그 이후에 이상적인 제도를 표방한 저작으로 보는 견해가 나온다). 그럴 경우 '4이는 9이, 9한, 예맥 이다'(국사편찬위원회 한국사 데이터베이스 "삼국유사" '기이제일' 마한 조)라고 해석이 되고 총괄적인 의미의 4이(동이, 서융, 남만, 북적)를 설명하는 것 치고는 9이, 9한, 예맥은 그 범위가 너무 좁다.

그렇다고 할 때 마한 조("삼국유사" '기이제일')의 두번째 기사에 나오는 4이는 9이 와 별 다름이 없는 용어라고 할 수도 있다. 결국 그 기사는 동이북적("구당서" 동이북적전, 열전 149)에 해당하는 집단 가운데서 동이(동이 2) 특히 예 맥에 관한 기사라고 해도 크게 틀리지 않을 듯하다. 4이, 9이는 대략적인 분류에 해당하는 것이고 "삼국사기" 인용의 예 맥 과 "해동안홍기" 인용의 (9한의)예맥 이 더 중요한 부분일 수 있다. 참고로 9한(위)의 다른 집단은 각각 일본, 북 중국 남 중국(중화, 오월), 해양의 도서 지역(탁라, 응유), 북방(말갈, 단국, 여진)을 대표하는데 마지막에 나오는 예맥(위)과 함께 여왕 당시의 신라를 위협하던 세력으로 제시되고 있다(거기서도 역시 9란 숫자를 맞추고 있다).

일연과 그 제자들이 지은 "삼국유사" '기이제일' 마한 조의 두번째 기사는 그 시작 부분을 '4이는 9이, 9한, 예맥이다'(국사편찬위원회 한국사 데이터베이스)라고 해석하는 것은 문제가 있다고 보아야 한다. 그보다는 "4이, 9이, 9한, 예맥'이란 개괄적인 소 제목으로 보는 것이 더 나을 듯하다. 그래야만 그 다음의 "주례" "삼국사"("삼국사기") "회남자" "논어정의" "해동안홍기" 등 구 중국과 한반도 국가의 여러 가지 문헌을 인용해서 민족 집단(아래)에 대해서 언급하고 특히 동이와 예맥에 대해서 나름대로 자료를 소개한 것에 조응할 수 있기 때문이다. 더구나 '기이제일'(위)(아래) 자체가 이른 시기 한반도와 주변 지역의 민족 집단(민족 1)(023')에 관한 내용이란 것을 감안하면 더 더욱 그렇다고 해야 한다.

또 하나 더 덧붙이자면 "해동안홍기"와 "삼국사"("삼국사기") 인용의 예맥(위)은 사실 상 '예 맥 또는 예맥'(김한규 2004; 손동완 2018)에 관한 기사라 할 수 있는데 예맥계(아래)의 잔여 집단에 해당한다. 만주 기원의 민족 집단 가운데 예맥계(023')는 다른 집단인 동호계/ 읍루계 와는 달리 비교적 이른 시기에 정체성을 상실하고 그 주변의 집단으로 흡수된다. 예맥계는 요녕계(023')와 부여계(023')가 주요 하위 집단인데 두 집단 가운데 요녕계(조선계)는 기원전후의 이른 시기에 그리고 부여계는 7세기에 소멸되어 현재는 유전자 분석도 가능하지 않은 상태다. 고려조 초기에는 예맥계의 잔여 집단(위)을 말갈로 호칭하기도 한다(예계 말갈/ 맥계 말갈, 023')

말갈은 읍루계(숙신계)의 일원인데 '읍루 〉 물길 〉 말갈 〉 여진 〉 만주족'으로 이어진다. 말갈은 발해(698~926)를 세운 집단인데 더 정확히 말하면 발해 말갈(흑수 말갈과 구분된다)이다. 발해 말갈(위)은 선천 연간(712~713)에 당에서 발해군왕(홀한주 도독도 겸한다)이란 칭호를 받은 다음 말갈이란 호칭을 버리고 발해라고만 부른다("신당서" 북적열전; "삼국유사" '기이제일' 말갈발해 조). 북방 북국(본문 5)은 발해, 요, 금, 원, 청을 말하는데 민족 집단의 이름을 포함해서 말갈 발해(갈해), 거란 요, 여진 금, 몽골 원, 여진(만주족) 청이라고 구분된다. 말갈, 발해 말갈, 말갈 발해(갈해)에 대해서는 다른 곳에서 더 자세히 논의한다(보론 6 갈해론).

보론 4

임라 일본부

   3한(023') 지역을 기준으로 한 4군과 고구려는 그 북쪽의 정치 세력이다. 한 4군(보론 2)은 기원전후는 물론이고 300년까지 당시 한반도와 주변 지역의 정치체가 성장하고 발전하는데 상당한 역할을 한 존재인데 3한 지역도 예외는 아닐 것이다. 한편 고구려는 400년 전후해서 만주 지역 최초의 통합 국가를 이루고 (고구려 기준으로)남방 진출을 도모하면서 백제는 물론이고 신라에도 영향력을 행사한다. 광개토왕비문을 보면 396년 (영락 6년) 백제를 공략하고 399년 신라 내물마립간의 요청을 받고 400년(영락 10년) 5만의 군사를 동원해서 왜와 가야의 병력을 물리친다는 내용이 나온다. 적어도 신라는 그 남쪽으로 왜와 가야(023') 세력의 협공을 받고 있다는 것은 분명한 사실이라고 보아야 한다.

더구나 영락 5년(395)과 6년(396) 기사 사이에 삽입되어 있는 신묘년(391) 기사를 보면 백제와 신라가 오랜 기간 고구려의 속민(屬民)이고 그래서 조공을 바쳤다는 호언성의 발언이 나와 있다. 그런데 백제는 몰라도 신라의 경우는 그것이 어느 정도 진실이라 할 수 있다. 그 다음의 왜가 신묘년에 바다를 건너와서 백제를 쳐부수고(破百殘) 신라가 신민(臣民)이 된다는 구절도 논란이 많은 구절이긴 하지만 적어도 왜가 신라에 대해서 상당한 군사적 행위를 가한 것은 분명하다고 보아야 한다. 비문 전체의 맥락에서 그것을 해석해야 한다(민족문화대백과사전 광개토왕비문 조)는 전제를 하더라도 신라 관련 부분은 인정해야 할 듯하다(아래).

물론 그 기사가 고구려의 남방 원정의 명분을 강조하기 위해서 과장되게 기술한 것일 수는 있다. 그렇다고 하더라도 영락 9년(399)과 영락 10년(400)의 신라의 요청과 이어지는 고구려의 군사적 지원은 그 대상이 왜와 가야(023')가 분명한 만큼 신라가 그 남쪽으로 낙동강 건너의 가야는 물론이고 바다 건너

왜의 군사적 위협 아래 있었고 그것이 단기간의 일이 아니었을 가능성이 있다. 가야(위)는 최근의 고고학 개론서(Yi 2022)에서도 '역사의 여명'이 아니라 '3국과 이후'란 장에서 다루어지는 것을 볼 때도 알 수 있듯이 300년 이후에서 532년(금관 가야) 또는 562년(대 가야)까지도 활동한 국가이고 그 국가의 발전 단계 상의 한계(박대재 2000)에도 불구하고 3한 지역의 상당한 변수로 작용한 것임은 분명하다.

더구나 이후 3한 지역에서 한반도의 통합 국가를 이루어 내는 신라의 입장에서 본다면 백제와 왜, 또는 가야와 왜의 관계가 상당히 긴밀한 편이고 그 세력이 신라의 남쪽에서 일련의 위협 세력이었음은 거의 의심의 여지가 없을 것이다. 399년(영락 9년)과 400년(영락 10년)의 고구려의 군사적 개입은 신라의 긴박한 정세가 읽혀지는 사건이라 아니할 수 없다. 신라가 상당 기간 고구려의 간섭을 마다하지 않고 그 지원을 받은 것은 고구려로 하여금 광개토대왕비문에 신라가 속민(위)이고 조공을 바쳤다는 기록을 남기기에도 충분한 것이었다고 할 수 있다. 다만 그 과정에서 396(영락 6년)에 공략한 백제까지 끼워 넣어서 언급한 것은 다소 과장된 면이 없지는 않다.

이른바 3국 통일 전쟁(본문 3) 과정에서 신라와 당의 연합군이 백제를 일단 멸망(660)시킨 이후 진행된 백제 부흥 운동 때에도 왜가 상당한 규모의 군사력을 투입한 것에서도 알 수 있듯이 백제와 왜가 동맹의 관계에 있었던 것은 분명하다. 또한 비문에서 볼 때도 가야와 왜는 상당한 수준의 협력 관계였다는 것도 사실일 것이다. 다만 왜/ 가야/ 백제(신라 기준으로 고구려와 대비해서 넓은 의미의 남쪽이라 할 수 있다)가 구체적으로 어떤 양상으로 연결되는지는 분명치 않다. 임라일본부(아래) 설도 일종의 그러한 상황 속에서 나온 학설인데 그것이 어느 정도의 역사 기획(023')이 들어간 것은 맞지만 그 기관이 완전히 허구에 불과한 것이라고 보기도 그렇다.

임라는 '임라가야'(광개토왕비문), '임라왕족'(봉림사 진경대사 보월능공탑 비문), '임라가량'("삼국사기" '강수열전') 등의 용법으로 쓰이는데 대략 가야를 의미하는 용어는 분명하지만 그 범위가 다양하게 사용되고 현재는 임라일본부가 논의의 중심을 이룬다. 369년(신공황후 섭정 49년)에 임라일본부를 설치했다는 "일본서기"(720)의 기사에서 그 존재가 처음 나온다. 현재 한 일 양국에서 임라일본부가 존재했다는 것은 인정하는 추세이지만 그 성

격에 대해서는 여러가지 다양한 주장이 있다(위의 사전). 남한에
서는 그것이 왜관처럼 일종의 왜와 가야 사이의 교섭 교역 기
관으로 보거나 아니면 백제가 가야 지역에 설치한 기관으로
보는 설이 더 우세하다.

"일본서기"의 512/ 513년 기사에서 백제가 왜에게 임라 4현
을 요구하고 왜가 그것을 주었다/ 백제 대 대 가야의 영토 분
쟁이 있었다(기문, 대사 란 가야 또는 임라 지역의 지명이 등장한다)는 내
용이 나온다. 임라 4현은 상다리, 하다리, 모루, 사타 인데 영
산강 유역을 중심으로 한 지역이라서 논란이 된 바 있다. 통상
임라 4현은 순천, 광양, 여수 지역에 있었다는 가야 4현(위의 대
사 라고 보기도 한다)을 말한다. 임라 4현이 영산강 유역을 포함한
지역이라고 한다면 임라 또는 가야가 현재보다 훨씬 더 너른
지역에 분포한 것이 되어 그 부분은 다시 논의가 되어야 한다.
그런데 영산강 유역은 그렇다 하더라도 그 외의 호남 지역 일
부가 가야 세력권이었다는 연구 결과도 나온다.

전북 남원 지역이 대표적이다. 그 지역의 아영면과 운봉면
의 가야 고분(그 중에서 아영면의 두두리 고분이 대표적이다)은 가야의

세력이 상당히 넓게 퍼져 있다는 것을 잘 말해 준다. 그렇다면 기문, 대사 란 미지의 가야 세력권도 존재하지 않았다고 단언할 수는 없는 상황인 듯하다. 왜/ 가야/ 백제가 일련의 연결된 세력을 이루고 있었고 해상 교통로인 남해안 연안에서 섬진강을 타고 대사(순천, 광양, 여수)와 그 위의 기문(진안 고원)이 연결되었을 가능성이 있기 때문이다. 가야는 기본적으로 낙동강 서편의 여러 지역을 말하는데 금관 가야(경남 김해) 아라 가야(경남 함안) 를 거쳐서 대 가야(경북 고령)로 세력권이 옮겨 간다.

왜/ 가야/ 백제의 연결이란 면에서 볼 때 그 세력들 간에 서로 교류하고 교섭하는 과정에서 어떤 기관이 임시로 또는 더 항구적으로 존재했을 가능성은 열어 두는 것이 더 진실에 가까울 지도 모른다. 그것이 왜의 입장에서 더 민족 집단 경사적으로 기술되는 것은 어쩔 수 없는 상황일 것이다. 광개토왕비문을 보더라도 신라(위)뿐 아니라 백제까지 고구려의 오랜 속민(舊是屬民)이란 구절이 있고 그것은 고구려의 입장에서 더 민족 집단 경사적으로 기술된 것이기 때문이다. 역사서가 자국입장에서 기술된다는 것은 이제 상식의 영역에 속하는 만큼 역사서의 기술을 어느 정도 해석 상의 여유를 가지고 보는 것은 당연하다고 할 수 있을 것이다.

얼마 전에는 가야인(023')의 유전체가 해독되어 언론의 주목을 받은 바 있다(Gelabert 외 2022). 경남 김해의 대성리 고분군과 유하리 패총 두 곳에서 발굴된 8인의 고 인골(화석 인골)의 유전체를 분석한 것인데 3국시대 가야인(대략 300~500년 사이의 가야인의 고 인골은 이른바 3국시대에 해당한다)의 유전체는 대략 3가지 구성(대략 아무르계/ 남 중국계/ 조몬계)으로 되어 있다는 결론이다. 다만 그 자료를 가지고 그들 8인 가운데 6인의 유전체는 현대 한국인과 관련이 있고 2인의 유전체는 현대 일본인과 관련이 있다는 추론(박종화, 각종 언론)은 상당한 문제가 있을 듯하다. 그렇게 보기에는 8인의 유전체가 구성(위) 상의 변별력이 너무 약하다.

전체 구성으로 볼 때 '가야인(8인 모두)/ 고훈인/ 현대 일본인'(023')이 연계성이 높은데 아마 그 연구자는 그것을 회피(세키네 2020 의 용어다) 하려고 한 것으로 보인다. 다시 말해서 거의 유사한 구성을 보이는 8인을 다시 미세한 차이를 가지고 2인은 그렇지만 다른 6인은 그렇지 않다는 것을 증명하려고 시도

한 것으로 보인다. 그 과정에서 여러가지 유전체 분석 기법을 적용하는데 어떻게 말하면 그 목적에 맞게 그것을 조작(操作/造作이 아니다) 한 것일 가능성이 없지 않다(023'). 결국 조몬계 유전자가 거의 없는 현대 한국인(현대 일본인은 그 유전자를 가지고 있다)과 조몬계 유전자를 가진 가야인을 연결시키려면 그러한 무리한 증명을 해야 할 필요가 있었을 지도 모른다.

한반도 남부 지역이 조몬계 유전자와 관련이 있다는 것은 위의 가야인 유전체 해독뿐 아니라 다른 연구에서도 제시되고 있다. 막스 플랑크 연구소에서 나온 연구(Robbeets 외 2021)에서는 한반도 남부와 일본 열도에 조몬계 유전자 집단이 광범하게 분포한다고 보고 있고 한국어와 일본어 사용 집단(요하 서편 지역이 그들이 기원한 곳이라는 가설이다)이 그들 집단을 쫓아낸다는 것을 암시하고 있다. 그 연구는 농경민 가설(기존의 유목민 가설에 반대해서 나온 것이다)을 채택해서 신석기시대 기장 농경민이 한국어(Koreanic)와 퉁구스어(Tungusic) 사용 집단을/ 그리고 후기 신석기와 청동기시대의 벼 농경민이 일본어(Japonic) 사용 집단을 해당 언어 사용 지역으로 전파시킨다는 이론이다.

보론 5

백제 상층

한반도 서남부 지역은 기원전 1000년 이래 초기 농경 사회를 거쳐서 기원전후 소 정치체 국(023')이 발생하고 국의 연맹과 병합을 통해 점차 고대 국가 백제(기원전후~660)로 통합된다. 그 지역은 결국은 3국 통일 전쟁(본문 3)의 결과로 대 신라(676~935)로 편입된다. 660년 당과 신라의 연합군에 의해서 멸망한 백제의 마지막 왕인 의자왕(641~660 재위)은 아들인 부여융(아래), 부여태, 부여효, 부여연과 함께 당 제국의 수도(낙양, 이후 장안으로 옮겨간다)로 압송된다. 물론 그 외에도 대신/ 장군들과 기타 12000명이 넘는 수많은 백제인들이 동행한다. 그들은 현재 중국 대륙에서 한족의 일부가 되어 있다(본문 11).

그곳에서 의자왕은 당 고종(650~683 재위)의 사면을 받지만 바로 병사한다. 당 고종은 의자왕에게 금자광록대부 위위경(아래)을 추증하고 백제 신하들의 장례를 허락한다. 의자왕은 이미 641년 즉위 당시 당 태종(627~650)이 내린 주국 대방군왕 백제왕 이란 책봉을 받은 바 있다. 7세기 이전의 이른바 3국시대에는 각국이 주로 구 중국의 남 북조(420~589)와 외교 관계를 맺기 시작해서 수 당과는 본격적인 책봉 조공 관계로 들어간다. 의자왕이 즉위 당시 받은 칭호는 그 이전 백제왕이 주로 받은 진동장군(동성왕), 정동장군, 영동장군(무녕왕), 거기대장군(위덕왕) 같은 장군 칭호가 아니라 군왕(郡王)이다.

3국의 정복 군주라 할 수 있는 고구려의 장수왕/ 신라의 진흥왕도 각각 정동장군 영호동이중랑장/ 영동이교위의 칭호를 받는다. 장수왕의 정동장군은 사실 상 진동장군(위) 영동장군(위)과 비슷한 의미라 할 수 있다. 왜냐하면 그것은 동쪽의 영역을 정벌하고(征) 진압하고(鎭) 안녕케한다(寧) 는 의미를 지닌 것이기 때문이다. 영호동이중랑장(장수왕)의 영호(領護)와 영동이교위(진흥왕)의 영(領)도 위의 어휘들과 유사한 의미라 할 수 있다. 다만 장수왕과 진흥왕은 장군 외에도 중랑장(장수왕) /

교위(진흥왕)의 직을 받는데 둘 다 그다지 높은 지위의 관직은 아니다(구 중국의 제도를 채택한 고려시대 기준으로 5, 6 품의 직위에 해당한다).

이후 중국에서 수여하는 직은 시간이 갈수록 점점 더 올라가는 추세다. 남 북조가 끝나가고 수 당이 들어선 시기의 의자왕(즉위 당시)은 대방군왕이란 칭호를 받는다(위). 군왕(郡王)은 남 북조와 수 당시 유력 가문이 받는 것을 감안하면 이전에 비해서 상당히 올라간 것이라 할 수 있다. 대방군왕은 의자왕이 죽은 뒤에 그 후손들이 물려받는 칭호이기도 한다. 아들인 부여융(아래)도 웅진도독 대방군왕 을 받고 부여경(부여융의 큰 아들이 부여문사이고 부여문사의 아들이 부여경이라고 알려져 있다)도 대방군왕을 승계한 것이 확인된다. 대방은 낙랑군 바로 아래의 대방군의 대방인데 백제(한성백제)에서 가까운 곳이다.

의자왕 즉위 당시 대방군왕 백제왕 이란 칭호와 함께 받은 주국(柱國)도 상대적으로 높은 지위에 해당하는데 상주국과 주국은 고려조의 주요한 훈직(아래)이기도 하다. "삼국사기"(1145)의 마지막 부분에는 발문이 붙어 있는데 고려조의 참고/ 편수/

동관구/ 관구 11인과 조선조의 3인(그 책의 목판을 다시 새긴 경주부
와 상급 관청)의 관직 훈직과 이름이 나와 있다. 그 가운데 편수
는 바로 김부식인데 공신(수충 정난 정국 찬화 동덕) 개부의동삼사
검교태사 수태보 문하시중 판상서이예부사 집현전태학사 감
수국사 상주국 으로 길게 나와 있다. 그 마지막이 상주국이다.
문하시중은 의정의 최 고위직(이부 예부 판사도 겸임)/ 집현전태학
사는 한림의 최 고위직/감수국사 는 역사 편찬 관련 최 고위직
이다.

   사후 의자왕이 추증 받은 칭호는 금자광록대부 위위경(위)이
다. 위위경의 위위(衛尉)는 태상/ 광록훈/ 위위/ 태복/ 정위/ 대
홍려/ 종정/ 대사농/ 소부 의 위위인데 진 한 시기 중앙의 최
고위직이고 이른바 9경의 하나다. 이후 위 진을 거쳐서 수 당
당시에는 위상이 떨어진다(3성 6부 아래 9시로 편제된다). 비록 당시
최 고위의 관직은 아니지만 의자왕은 상당한 수준의 추증을
받는 셈이다. 당이 가진 포용적인 정책이 의자왕에게 어느 수
준의 지위를 보장하고 그것이 이후 그의 후손들 특히 부여융,
부여덕장, 태비부여씨로 이어지는 '가문의 영예'를 향한 배경
이 된다고 할 만하다. 태비부여씨(690~738)는 황족의 일원이 되

는데 사괵왕 이옹의 왕비가 되고 아들이 그 뒤를 잇자 태비가
된다.

의자왕의 태자였던 부여융(615~682)은 의자왕과 함께 당의
수도로 압송되지만 그 위상이 있는 만큼 당에서도 적극 활용
한다. 그는 웅진도독 대방군왕(대방군왕은 의자왕 즉위 때 받은 칭호
를 그대로 계승한 것이다. 위)의 직위를 받고 백촌강 전투에 참여하
고 신라의 김인문 /문무왕과 화친하고 당을 대리해서 웅진도
독부(구 백제 영토는 도독부로 편제된다)의 수장이 되지만 결국 다
시 당으로 돌아간다. 웅진도독의 직위를 받을 때 부여융은 광
록대부 태상원외경 의 관직도 같이 받는다. 태상(太常)은 위의
태상/ 광록훈/ 위위/ 태복/ 정위/ 대홍려/ 종정/ 대사농/ 소부
의 태상인데 아버지인 의자왕이 받은 위위와 겹치지 않게 하
면서도 경보다 낮은 원외경(員外卿)이 수여된 듯하다.

당시 당의 수도였던 하남성 낙양시의 북망산은 우리에게도
꽤 지명도가 높은 곳이다. 낙양 교외의 그 산은 그 곳을 수도
로 했던 왕조의 상층의 인물들이 묻히는 곳이기도 하다. 부여
융도 그곳에 묻히는데 1919년 그 묘지명이 발굴된 바 있다(대

당고부여부군묘지). 부여융은 사후 보국대장군이 추증된다. 그의 아들인 부여덕장(부여융은 부여문사, 부여문선, 부여덕장 세 아들이 확인된다)의 딸 태비부여씨(즉 부여융의 손녀다)의 묘지명은 2004년 섬서성 서안시(장안)에서 발굴된다(당고괵왕비부여지명). 의자왕의 증손녀인 그녀는 앞서 말한 바처럼 사괵왕 이옹의 왕비이자 그 직위를 이어받는 아들의 태비가 된다. 부여덕장(위)의 다른 딸도 기록에 나온다(흑리전).

북망산에서는 1929년 백제 유민인 흑치상지, 흑치준 부자의 묘지명도 출토된다. 흑치상지는 백제 멸망 후 부흥 운동에 가담하지만 당에 투항한 인물이다. 그는 토번/ 돌궐을 토벌하고 (좌령군 원외장군 양주자사) 이후 연연도대총관연국공을 수여받지만 반란에 연루되어 689년 자결하고 아들인 흑치준의 신원으로 698년 복권되어 699년 묻힌다(대주 고 좌무위위대장군 검교좌우림군 증 좌옥금위대장군 연국공 흑치부군 묘지문 병서). 그의 아들 흑치준은 무후(대주) 치세 이후인 706년 그 옆에 묻힌다(대당 고 우금오위수익부중랑장 상주국 흑치부군 묘지명 병서). 요절한 그는 중랑장(위) 관직인데도 상주국(위)이란 훈직을 가진 것은 아버지(연국공)의 지위가 감안된 것 같다.

흑치상지 묘지명은 대주(大周)로 시작하고 흑치준은 대당(大唐)으로 시작한다. 그것은 고종(650~683)이 죽고 난 다음 해인 684년 중종(사성)/ 예종(문명)에 이어서 무후(광택)가 권력을 장악하고(같은 해에 연호가 세번 바뀐다) 690년(천수) 황제를 칭하고 국호를 주로 바꾸기 때문인데 705년(신룡)에 중종이 당의 국호를 회복한다. 다시 중종(705~710)/ 예종(710~712)에 이어서 현종(712~756)이 즉위해서 재위하는데 712년도 연호가 태극(예종), 연화(예종), 선천(현종)으로 세 번이나 바뀌는 해이기도 하다. "삼국유사" '기이제일' 말갈 발해 조에도 선천이 나온다. 일연과 그 제자들은 선천 연간(712~3)에 대조영이 세운 국가가 말갈이란 호칭을 버린다고 적고 있다('발해 말갈'이 '발해'가 된다, 보론 6).

흑치준이 받은 중랑장이란 직위는 수 익부 중랑장 인데 수(守)는 행수법의 수다. 관품보다 높은 등급의 관직을 받은 것을 말한다. "삼국사기" 발문의 편수 김부식의 훈직 가운데 검교태사 수태보의 수도 같은 의미다. 그는 공신(수충 정난 정국 찬화 동덕)(위) 칭호에다가 각 영역에서 최 고위직을 역임하는데(문하시중 판상서이예부사/ 집현전태학사/ 감수국사) 그 외에 개부의동삼사 검교태사 수태보(위)와 상주국(위)이란 훈직도 받는다. 그 가운데 하나가 검교태사 수태보의 태사와 태보다. 태사 태보는 이른바 3사(三師)인 태사, 태부, 태보의 태사, 태보인데 왕의 스승을 의미하는 명예직이다. 상주국은 위에서도 설명한 바 있는데 고려조에서는 주로 왕족에게 수여되는 최 고위의 훈직이다.

여하튼 의자왕을 비롯한 백제 출신 가운데 부여융, 태비부여씨, 흑치상지, 흑치준(위)은 묘지명이 발굴된 예다. 멸망 당시 백제에서 당으로 압송된 인원은 고위 왕족과 대신/ 장군을 포함해서 12000인 이상인데(위) 그들도 상대적으로 높은 신분의 사람이었을 가능성이 높다. 세력 통제라는 당의 사민(徙民)의 목표로 볼 때 당연히 천민/ 평민보다는 지배층일 확률이 높기 때문이다. 그들은 대부분 중국 대륙에서 현재 한족(본문 11)이 되어 있는데 다만 상층에 속하는 의자왕과 그 직계 후손 그리고 흑치상지, 흑치준 등이 확인되는 것일 뿐이다. 고구려 멸망 후 중원으로 사민("신오대사" '사이부록' 발해) 된 고구려 왕족과 대신/ 장군도 마찬가지 경우일 것이다. 고선지(아래)도 고구려 출신이다.

당의 변경인 하서/ 안서(현재의 서북 감숙성이다)의 중급 장교 가계의 고선지는 개부의동삼사(아래)를 받은 기록이 있다. 그는 747년 이후 두각을 나타내는데 사라센 제국과 동맹을 맺은 토번을 정벌하고 파미르 고원과 힌두쿠시 산맥을 넘어서 72개국의 항복을 받고(1차 원정) 홍려경 어사중승 특진 겸 좌금오대장군 동정원(同正員) 을 수여 받는다. 홍려경의 홍려는 태상/ 광록훈/ 위위/ 태복/ 정위/ 대홍려/ 종정/ 대사농/ 소부(위) 의 대홍려의 홍려다(의자왕의 위위/ 부여융의 태상 참조, 위). 그는 750년 서역 지역으로 출정 가서 석국(타슈켄트) 왕을 생포해서 장안으로 돌아오는데(2차 원정) 개부의동삼사 를 수여 받는다. 특진(위)과 동정(위)이란 것도 고려조에 등장하는데 특진은 최 고위의 품계다.

개부의동삼사(위)는 개부와 의동삼사로 된 어휘인데 개부((開府)는 부란 기관을 설치하는 권한을 말하고 의동삼사(儀同三司)는 의례를 삼사와 같이 한다는 것이다. 삼사는 위의 태사, 태부, 태보의 삼사(三師)가 아니라 사마(태위), 사도, 사공의 삼사(三司)다. 왕의 스승 격인 삼사(三師)와 후대의 삼공(三公)인 삼사(三司)는 고려조에서 최 고위의 명예직으로 수여된다. 다만 동정(위)은 고려조에 검교(검교태사 수태보/ 김부식, 위)보다는 낮은 훈직이다. 개부의동삼사와 대광(大匡) 특진(特進)(위) 등은 한 때 고려조 문산계(벼슬의 품 급 계 등을 정한 체계다)에서 최 고위의 등급으로 쓰이기도 한다. 개부의동삼사는 문무왕이 당 제국에서 받은 칭호이기도 하다.

보론 6

갈해(말갈 발해) 론

7세기의 동 아시아 국제 전쟁은 3국 통일 전쟁(본문 3)이라 불리지만 3국 통일(023')이란 용어는 문제가 없지 않다. 그것은 신라가 과연 문자 그대로 백제(아래)와 고구려(아래)를 온전하게 통일한다고 볼 수는 없기 때문이다. 우선 신라는 당과 연합해서 백제를 멸망시킨다(660). 백제 유민이 일본의 도움으로 진행한 백제 부흥 전쟁도 몇 년 뒤에는 끝이 난다(663). 당은 구 백제 지역에 웅진 도독부를 설치해서 의자왕의 아들 부여융(아래)을 도독으로 삼지만 얼마 지나지 않아서 철수한다. 구 백제 지역은 신라에 완전히 병합이 되고 신라는 결국 3한 지역을 통합한다. 백제의 마지막 왕인 의자왕과 그 직계들은 당의 수도로 압송되어 당의 벼슬을 받고 그 후손들은 한족(본문 11)으로 흡수된다(보론 5).

백제 병합의 여세를 몰아서 신라는 다시 당과 함께 고구려를
멸망시킨다(668). 신라는 구 고구려의 영토를 둘러싸고 당과 분
규에 싸이고 저 강도의 전쟁을 하는 상황으로 가지만 결국 황
해도 지역을 확보하고 거기서 멈춘다. 신라 더 정확히 말해서
대 신라(676~935)는 대동강을 국경으로 삼고 강 북쪽의 평양 및
그 이북은 당의 안동 도호부("신오대사" '사이부록' 발해)를 거쳐서
이후 발해의 영역이 된다. 고구려의 핵심 세력도 역시 중원으
로 사민이 된다("신오대사" '사이부록' 발해). 고구려의 왕족은 물론
이고 기타 사민된 고구려의 지배 세력은 이후 대부분 한족으로
흡수가 된다(본문 11). 구 고구려 출신으로 당에서 이름을 남긴
사람도 여럿이 있는데 고선지도 그 가운데 하나다(보론 5).

결국 대 신라 영역 북쪽에는 발해(아래)가 들어서고 당은 결
국 그것을 인정한다. 그 이후로 '한반도 국가/ 북방 북국/ 구
중국'의 구도가 자리잡고 19세기까지 지속된다(본문 5). 발해는
원래 발해 말갈("구당서" '동이북적전': "구오대사" '외국열전')인데 흑수
말갈(아래)과 대비되는 용어다. 읍루에서 물길을 거쳐서 말갈

로 이어지는 그 집단은 만주 지역 최초의 통합 국가인 고구려 (기원전후~668)의 지배를 받지만 고구려 멸망 이후 요동 지역으로 사민("구당서" '동이북적전' 발해 말갈)된 집단을 중심으로 발해를 건국한다. 대 신라 북쪽은 더 정확히 말해서 발해 말갈(위)이고 더 외곽이 흑수 말갈(이후의 여진이다) 지역이다.

고구려와 발해(위) 두 국가는 그 영역이 거의 겹친다. 일연과 그 제자들은 말갈 발해 조("삼국유사" '기이제일') 두번째 기사에서 발해를 고려잔얼(高麗殘孼)이라 규정하고("삼국사기" 인용) 대조영이 고려구장(高麗舊將)이라 말하고 있다("신라고기" 인용). 말하자면 민족 집단(023')의 배경이 분명히 다른 발해 국가에 대해서 일종의 역사적 주권(023')을 주장하는 듯한 용어인 고려잔얼/고려구장("신당서" '북적전' 발해 조에는 부고려자 附高麗者 란 용어가 나오는데 비슷한 맥락이다)을 사용한다. 한반도의 북방에서 영역이 거의 겹치고 연속하는 두 국가인 고구려와 발해를 그렇게 파악하는 것은 전연 이해가 가지 않는 것은 아니지만 분명히 문제가 있다(특히 그 연속을 한반도 국가로 끌어들이는 시도는 그렇다).

일연은 발해가 말갈의 일종이란 것은 인식하고 있었지만(아래) 약간의 분류 상의 오류가 보인다. 말갈 발해 조의 두번째 기사(위)에서 '발해 말갈'(위)이란 용어를 사용하고 있으면서도 마지막에 발해는 말갈의 별종(靺鞨之別種)이란 규정을 하는 실수를 한다. 별종이란 것은 다소 계통이 다른 집단을 정의할 때 주로 사용되는 용어다. 예를 들면 고구려 백제가 부여의 별종 ("신당서" '동이열전' 고려, 백제; "신오대사" '사이부록' 고려) 또는 발해가 고구려의 별종("신오대사" '사이부록' 발해) 등이 전형적인 용법이다. 발해 즉 발해 말갈(위)은 그냥 말갈이지 말갈의 별종(위)이 아니다. 그렇다 하더라도 일연은 전체적으로는 말갈 발해(갈해)를 제대로 파악하고 있다고 할 만하다.

　말갈 발해 조 여섯번째 기사에서 말갈이 읍루/ 물길에서 이어지는 집단이란 언급을 보면 일연과 그 제자들은 말갈이란 집단이 읍루계(숙신계)란 것은 분명히 인식하고 있는 듯이 보인다. 다만 말갈 이란 용어가 "삼국사기"(1145)에서 예맥계의 잔여 집단(예 맥 또는 예맥, 023')인 예 맥을 말갈(예계 말갈/ 맥계 말갈, 023')로 부른 까닭에 약간의 혼란을 보이는 것은 어쩔 수 없는 사실이라 할 수 있다(그것은 당시 고려조 초기의 용법에 따른 것이다). 일연과 그 제자들은 말갈/ 발해 말갈/ 말갈 발해(갈해) 란 용어

를 모두 사용하고 있는데 적어도 발해 말갈(흑수 말갈과 대비된다)
이 발해 국가가 된다는 것은 인지하고 있었다고 보인다(아래).

  일연과 그 제자들은 말갈 발해 조 첫번째 기사에서 당 현종
초반인 선천(712~3)(그 이후가 29년간 이어지는 개원이고 그 다음은 15년
간 이어지는 천보다) 연간에 발해 말갈(위)이 말갈 이란 호칭(靺鞨
號)을 떼고 발해라 고만 부른다(專稱渤海)는 사실을 인용하고 있
다(일연과 그 제자들은 "신당서" '북적전' 발해 의 선천 설을 참조한 듯하다,
"신오대사"는 중종의 신용 경용 설을 취한다). 그 사건에는 당이 북방
과 서방에서 돌궐/ 회홀/ 토번(모두 "구당서"와 "신당서"의 열전에 따
로 나온다)을 모두 상대해야 하는 상황에서 동방 더 정확히 말해
서 동북방의 발해를 포섭하는 과정이 포함되어 있다. 당은 발
해군왕(渤海郡王)을 책봉(홀한주 도독과 좌효위대장군이 더해진다) 해서
그 집단을 회유한다.

  그런데 일연과 그 제자들은 전문적인 역사 연구자는 아니
기 때문에 약간의 혼선을 보이는 것은 당연하다 하겠다. 위에
서 언급한 바처럼 고려조에서는 예맥계의 잔여 집단(예 맥 또
는 예맥, 023')을 말갈로 호칭하고 그것이 "삼국사기'에도 빈번하

게 나오는 만큼 더 혼란스러울 것은 말할 것도 없다. 말갈 발해 조의 네번째 기사는 그 혼선이 극도에 달한 모습을 보여주고 있다. "삼국사기" 인용(어디인지는 밝히지 않는다)으로 '백제 말년에 발해/ 말갈/ 신라가 백제의 땅을 나누어 가졌다'는 기사인데 주석에서 '이에 근거하면 갈해 즉 말갈 발해는 또 나뉘어 2국이 된다'고 말한다. 팩트 자체가 의심되는 그 기사에 대한 다소 어이없는 그 주석은 말갈 발해(갈해)(아래)는 서로 분리될 수 없는 실체임을 잠시 혼동한 것인 듯하다.

여하튼 말갈 발해 조(위)를 통해서 우리가 말갈/ 발해 말갈(흑수 말갈과 대비된다)/ 말갈 발해(갈해)에 대해서 좀더 분명한 개념 정리를 할 수 있다는 것은 다행인 듯하다. 네번째 기사의 주석에 나오는 갈해(위) 란 용어도 재미 있다. 만주 지역의 통합 국가(북방 북국)는 그것을 수립한 민족 집단이 그때그때 다르기 때문에 통상 앞에 민족 집단의 이름을 넣고 뒤에 국가 또는 왕조의 이름을 붙인다. 거란 요/ 여진 금/ 몽골 원(몽원)/ 여진 청(만청)이 그것이다(괄호 안은 김한규 2004 의 용어다, 여진은 만주족으로 이름을 바꾼다). 이상의 용법과 관련해서 발해 국가의 경우 말갈 발해(갈해)가 더 어울린다고 할 수 있다. 적어도 "삼국유사" 목차에는 말갈 발해(말갈 발해 조) 란 정확한 이름이 나와 있다.

참고로 "구당서" "신당서" 보다는 "신오대사"가 발해와 신라의 대치를 훨씬 더 정확하게 반영하고 있다. 왜냐하면 앞의 두 사서에서는 동이와 북적을 구분해서 싣지만("구당서" 열전 149 상/하; "신당서" 열전 145/ 144) "신오대사"('사이부록')는 '고려, 발해, 신라, 흑수 말갈' 순으로 싣고 있기 때문이다. 말하자면 신라와 발해를 각각 동이("구당서" 열전 149 상; "신당서" 열전 145)와 북적("구당서" 열전 149 하; "신당서" 열전 144)으로 따로 실어 놓은 두 사서에서는 한반도 국가 신라(대 신라)와 북방 북국 발해의 대립이란 구체적인 정황이 대비적으로 나타나진 않는다. 결국 상대적으로 간략한 형태로 된 "신오대사"가 신라와 발해의 관련을 훨씬 더 잘 드러내고 있는 셈이다.

발해(698~926)는 이후 거란 요(907~1125)에 정복되는데 말갈 지역은 2원적인 통치를 받는다. 발해 말갈(발해)은 한법(아래)에 따라 통치를 받지만(한법은 거란 요가 북 중국 일부 지역을 다스릴 때 적용한 방식이다) 외곽의 흑수 말갈(위)은 다른 방식으로 통치를 받는다. 외곽에서 간접 통치를 받는 흑수 말갈과는 달리 한법(아래)

에 따라 직접 통치를 받은 발해 말갈(발해)의 발해인(노태돈 1985, 2003, 2009, 2014)은 비교적 이른 시기에 집단의 정체성을 상실하게 된다. 그것은 예맥계(023')의 하위 집단들이 이른 시기에 정체성을 상실하는 것과 마찬가지다. 읍루계는 발해 말갈(발해)이 아니라 흑수 말갈로 그 맥이 이어지는 셈이다.

결국 발해 말갈("구당서" '동이북적전'; "구오대사" '외국열전')보다는 흑수 말갈("신당서" '북적전'; "구오대사" '외국열전'; "신오대사" '사이부록')이 집단의 정체성을 상대적으로 잘 유지해서 후대로 넘어간다. 흑수 말갈은 발해 국가의 영향권 하에 있다가 발해 국가 멸망 이후 거란 요(907~1125)의 간접 통치를 받는데 바로 그집단이 금(1115~1234)을 세우고 이후 원(1206~1368)의 지배를 받고 나서 다시 한족 왕조 명(1368~1644)의 영향 하에 있다가 청(1616~1911)을 세운다. 한반도 북부 동계(보론 8) 지역의 여진 집단은 발해 말갈보다는 흑수 말갈과 더 관련이 많다고 보아야 할 것이다. 왜냐하면 앞서 언급한 바와 같이 발해 말갈 즉 발해는 거란 요(위)의 통치를 받으면서 집단의 정체성을 잃기 때문이다.

보론 7

북계

고려조 초기에는 지방 행정 제도(아래)가 제대로 정비되지 않은 상태였다. 고려조가 호족 연합 세력으로 규정이 될 정도로 호족의 세력이 강한 것도 그 한 요인인 듯하다. 이후 고려조는 983년(성종 2년)에 12목/ 995년(성종 14년)에 10도(위)를 거쳐서 점차 5도 양계(아래)의 제도를 확정하게 된다. 서해도(현재의 황해도 지역)/ 교주도(현재의 강원 영서 지역)/ 양광도(현재의 경기도와 충청도를 합한 지역)/ 전라도/ 경상도 의 5도는 이른바 남도(아래)인데 상대적으로 안정된 지역이라 할 수 있다. 그에 비해서 양계(서해 도와 교주도의 바깥 지역이다)는 북방 북국(본문 5)과 대치하는 지역이고 고려조가 영토를 확장하는 과정에 있었기 때문에 5도와는 다른 상황일 수밖에 없었다.

북계는 고려조 서해도(황해도)의 북쪽이다. 10도(995) 기준으로는 패서도(위)에 해당하는데 평양이 그 중심 지역이다. 평양은 서경이라 불리고 유수사가 파견된다. 대동강 이북인 그 지역은 발해 당시에는 농업 사회의 기반이 무너진 상태였다가 후 3국 시기에 어느 정도 회복이 된다는 분석도 있다(김기협 2008). 패서도(10도)란 이름도 후 3국 때 궁예가 확정한 '패서 13진'에서 나온 것이다. 초반에는 서경(위)이 그 지역의 중심이지만 이후 더 북쪽에 있는 안북 도호부(안주)가 중시된다. 북계는 동계(보론 8)와 함께 이른바 양계(아래)를 이루는데 남쪽의 5도(황해도, 교주도, 양광도, 전라도, 경상도)(위)와는 여러가지 측면에서 다른 점이 많다.

그 지역은 대 신라 당시에는 발해(698~926)의 지배를 받는다. 그 국가는 한반도 국가 기준으로 북방 북국(위)에 들어가는데 발해는 이후 거란 요(907~1125)로 넘어간다. 구 중국 역사서의 발해 말갈("구당서" '동이북적전'; "구오대사" '사이부록')이 바로 발해인데 발해가 거란 요(907~1125)에게 멸망당하고 나서 그 지역은 한법에 따라 통치가 되고 이른바 발해인(023')은 이후 정체성을 상실한다. 외곽의 흑수 말갈("신당서" '북적전'; "구오대사" '외국열전';

"신오대사" '사이부록')은 그들과 구분해서 다른 방식으로 통치가
되고 정체성을 유지한 그 집단이 이후 여진으로 이어진다.

한반도 3조(본문 2)의 시작인 대 신라(676~935)는 한주, 삭주,
명주가 북쪽 변경에 해당한다. 그 가운데 삭주와 명주는 북쪽
경계면(대략 원산 부근이다)이 아주 좁은 반면 한주는 서에서 동
으로 발해와 긴 국경을 맞대고 있다. 고려조(918 또는 935~1392)
로 들어와서 한주 지역은 관내도(10도제, 아래)가 되는데 관내(關
內)(구 중국의 용어다)는 수도 개경을 둘러싼 지역이란 의미다. 관
내도는 양주, 광주, 해주, 황주가 중심 지역(10도제에서 절도사가
파견된다)인데 그 북쪽인 해주, 황주 지역은 이후 서해도가 된
다. 서해도는 수도 개경을 방위하는 지역이기 때문에 5도(5도
양계) 가운데 가장 먼저 성립하고 안렴사(조선조 관찰사에 해당하는
데 그 역할 범위는 조금 다르다)가 파견된다.

한주 지역은 후 3국 기에는 후 고구려(고려 〉 마진 〉 태봉 〉고려
로 이름을 바꾼다) 지역이 되고 그 지역의 세력들은 자신들이 이
전의 고구려를 계승하는 세력이란 기치를 내건다. 한주 이북
지역은 발해를 지나서 거란 요(907~1125)의 지배를 받는데 점차

로 고려조의 영토로 편입이 된다. 고려조는 거란 요와 대치하고 전쟁을 하는 과정 속에서 청천강에서 압록강 하류까지 영토를 확장한다. 이른바 강동 6주(흥화, 용주, 통주, 철주, 곽주, 귀주)를 둘러싼 거란 요와의 줄다리기는 우리에게 비교적 잘 알려져 있다. 위의 6주 외에도 삭주, 위주, 인주, 태주, 선주, 운주, 염주, 박주, 가주, 영주가 고려조의 영토로 편입된다.

이후 상당 기간 고려조의 주 방어선 역할을 하던 청천강(023') 유역을 넘어서 압록강 하류까지 영토가 확장되고(아래) 그곳에서 청천강 상류의 희천을 경과해서 동계(보론 8)로 이어지는 천리장성(그 장성은 고려조와 그 북방을 구분하는 군사적 문화적 경계선의 역할을 한다)도 구축된다. 고려조 후기 더 정확히 말해서 거의 말기에 와서 야 압록강의 중류 지역을 확보하고(강계 만호부, 이성 만호부) 조선조 초에는 압록강 상류의 4군(023') 지역까지 편입(023')이 되면서 북계 지역은 완전히 한반도의 일부로 들어간다. 그 과정에서 현재의 압록강을 경계로 하는 국경이 점차로 확정되고 압록강 양안의 도시는 중국과 한국(더 정확히 말해서 신중국과 북한)의 국경 도시가 된다. 단동(요녕성)/ 신의주, 집안(길림성)/ 만포 등이 대표적이다.

북계는 조선조의 평안도를 거쳐서 현재 북한(조선민주주의인민공화국)의 주요 부분을 이룬다. 현재의 행정 구역으로는 평양 직할시, 남포 특별시, 평안남도, 평안북도, 자강도로 나뉘어진다. 그 가운데 특히 평양 직할시는 북한의 정치 문화적 중심지에 해당하고 북한의 표준어인 문화어도 그 지역에서 사용되는 말을 기본으로 하고 있다. 1953년 이래 본격적인 사회주의 현대화를 겪은 북한은 민족 통일(023')이란 구호가 무색하게 양계 중심의 그들 만의 특유한 정체성을 수립하는데 온 힘을 쏟아 왔다. 고조선 〉 고구려 〉 발해 〉 고려 〉 리조(조선) 〉 북한 으로 이어지는 역사 체계(조선사)와 본토설(023')이 대표적이다.

고려조는 이른바 후 3국의 반란 세력(023')의 하나인 후 고구려(901~935)의 후계 세력이 세운 국가다. 후 고구려는 대 신라 북쪽 변경인 한주(위)가 중심 지역이 되는데 고려조의 수도 개경도 대 신라(경주 즉 금성이 수도다)에 비해서 상당히 북쪽에 자리 잡는다. 수도 개경 바로 위의 지역이 비교적 이른 시기에 서해도(위)로 편제되고 그 위의 패서도(10도제, 위)도 방위 상 매우 핵심적인 지역이 될 수밖에 없다. 현재 남한(대한민국)의 수도 서울도 북한(조선민주주의인민공화국)과 매우 인접한 지역이라

방위 상 여러 가지 어려운 문제가 있는데 고려조도 그만큼은 아니지만 그 이전 시기에 비해서 대 북국(본문 5, 6, 7, 8)의 전략이 상대적으로 중요한 상황이었다고 해야 한다.

양계는 이른바 남도인 5도(위)와는 행정 제도가 많이 다르다(여기서 다루는 행정 제도에 관한 논의는 대부분 한국학중앙연구원의 "한국민족문화대백과사전"의 해당 항목을 참조한 것인데 그 저작은 사전인 만큼 참고문헌 에 따로 싣지는 않는다). 5도에는 안렴사(위)가 파견되는데 비해서 양계는 매우 군사적인 이름의 병마사(아래)를 파견한다. 병마사는 함께 부임하는 속관도 상당한 규모를 자랑한다. 또한 양계를 다시 몇 개의 도로 나누는 분도(分道) 제가 시행되고 남도(위)와는 달리 속현도 거의 없고 조세도 그 지역에서 사용한다는 것이 특징이다. 양계 관련 체제와 제도는 이후 조선조 초기까지 영향을 미친다(아래).

조선조 초기에도 당시 도관찰출척사(都觀察黜陟使)가 감창, 안집, 전수, 권농, 관학사, 제조형옥병마공사 등을 겸직한다고 되어 있다("제왕운기" '교정', 1417, 아래). 그 가운데 감창, 안집, 전수는 고려조의 양계와 관련이 있는 용어다. 감창사(監倉使)는 양계에서 시행하던 분도(양계를 운중도/ 흥화도와 명주도/ 연해도/ 삭방도 5개의 도로 나눈다)(위) 제 하에서 도의 책임자가 가지는 직함이다(주로 재정을 감독하지만 관리의 감찰도 맡은 듯하다). 안집사(安集使)는 동계(위)가 쌍성총관부(아래)로 넘어가고 나서 남쪽에 조금 남은 구역을 책임지는 직책이었다. 전수(轉輸)는 전운과 같은 의미인데 양계의 수장이 전운사(轉運使)란 설도 있다.

참고로 "제왕운기"(1287)는 조선조에 와서 다시 목판을 만드는데 주요 내용인 권상/ 권하(각각 구 중국/ 동국의 역사를 읊고 있다)를 중심으로 그 앞에는' 제왕운기진정인표'(帝王韻紀進呈引表)가 붙어 있고 그 뒤에는 '세계도' '발'(정소) '후제' '교정'이 붙어 있다. 다시 찍은 판본 마지막이 '교정'인 셈인데 최유(최유해)가 교정 책임자다. 그 뒤에는 "제왕운기"를 찍은 경주부와 그 상급 관할 기관(경상도)의 관리들이 나와 있다(그들도 교정을 본 것인지는 확실하지 않다). (경주부의)판관(반영)과 부윤(이승간) 그리고 (경상도의)도관찰출척사(이지강)(위) 경력(이윤적)이 그들이다. '후제'(이원, 안국인 2인이 쓴 것이다. 1360년 5월 동경 개판)에는 조선조 이지가 다시 쓴 발문이 붙어 있는데 1417년(태종 17년)이란 연대가 나와 있다.

조선조에서는 양계(평안도와 함경도) 지역과 남해안(수군)은 주로 무관들이 배치되지만 기타 내륙은 주로 문관인 지방관들이 군직을 가진다. 지방관의 등급에 따라 병마첨절제사(종 4품) 병마동첨절제사(종 5품) 병마도위(종 6품)의 군직을 가지는데 그것은 유사시에 상당한 문제가 발생할 가능성을 내포한다(임진왜란 때 그것이 바로 시현이 된다). 위의 조선 초기의 경주부도 부윤은 병마절도사/ 판관은 병마절제판관의 군직을 가진다. 병마절제판관의 절제는 위의 첨절제사, 동첨절제사의 절제이고 부윤의 절도는 고려조 전기의 10도(위) 12절도사의 절도다. 고려조 초기의 10도(위)는 주요 지역의 절도사가 계수관(022/ 용어 1) 역할을 하는데 그들이 도의 수장 역할을 한다.

보론 8

동계

양계(023')의 하나인 동계는 한마디로 정의하기 매우 힘든 지역이다. 다만 북계(보론 7)와 대비되는 이름을 가진 지역이고 대 신라를 기준으로 한다면 북쪽의 한주 삭주 명주(서에서 동으로 방향이다) 가운데 명주와 가장 관련이 높다(명주는 현재의 남한 동해안의 상당 부분을 포함한다). 그렇다고 해서 동계가 문자 그대로 동해안의 동쪽 방향의 비중이 높은 행정 구역인 것만은 아니다. 동북면이란 별칭이 그것을 잘 말해 주고 있다(북계는 서북면이란 별칭이 있다). 고려조 초기에는 대 신라의 한주 지역은 관내도(10도제)(보론 7)로 들어가고 삭주 명주 지역은 삭방도(10도제)(아래)로 편제되는데 안변도호부(영흥)가 중심 지역이다. 고려조는 안동(안동) 안서(해주) 안남(전주) 안북(안주) 안변(영흥)에 도호부를 설치한다.

삼방도(10도제)(위)에서 교주도(5도)(강원도 영서 지역인데 춘천이 중심 지역이고 우수주, 우두주, 수약주 등으로 불리는데 맥국 관련설이 있다)가 분리되고 나서 그 나머지는 동계로 불린다. 다른 각도에서 말한다면 교주도(5도) 너머 지역이 특히 북쪽으로 확장된 것이 바로 동계(1036)/ 동북면(1047)이라고 할 수 있다. 동계는 기본적으로 북쪽으로 여진(023')과 대치하는 지역이다. 고려조는 거란 요/ 여진 금/ 몽골 원 과 대치하는데 그 지역의 여진 집단은 초반에는 거란 요의 지배를 받고 그 다음에는 여진 금 또 그 다음에는 몽골 원의 지배를 받는다. 교주도(5도)는 수도 개경 북쪽인 서해도와 남쪽의 양광도, 전라도, 경상도와 함께 이른바 5도 양계(보론 7)의 5도를 이룬다.

동계는 상당 기간 화주(영흥) 주변이란 범위를 넘어서지 못한다. 북계는 이미 이른 시기에 압록강 이동인 이른바 강동 6주(보론 7)가 편입되고 그 후 천리장성(023')까지 어느 정도의 영토(현재 북한의 평안북도에 해당한다)가 확보되는 반면 동계는 거의 고려조 말기인 공민왕 대에 와서야 함흥/ 길주가 확보될 정도다.

동계 가운데서도 화주와 그 북쪽은 고려조의 이주민과 여진이 섞여 있는 지역이라 할 수 있다. 안변도호부(위)의 안변의 변이란 이름 자체가 바로 변방이란 의미인데 원래 안변도호부가 있었던 화주(영흥) 주변 지역은 이후 몽골 원의 직접 지배를 받기도 하고(아래) 원 제국을 이은 한족 왕조 명이 철령 이북인 그 지역에 대해서 소유권을 주장하기도 한다.

고려조는 몽골 원과 30년 전쟁을 수행한다. 그 마지막 즈음인 1258년(고종 45년) 조휘와 탁청이란 인물이 동계(영흥 주변이 당시의 영역이다)의 병마사 신집평을 제거하고 원에 투항한 이후 그 지역에 쌍성총관부가 설치된다. 그 두 인물이 각각 총관과 천호직을 가지고 그 자손들이 그 직위를 세습한다. 한반도 국가(본문 1, 2, 3, 4)인 고려조를 마침내 굴복시킨 원은 처음에는 직접 지배를 고려하지만 결국은 구 중국(본문 9, 10, 11, 12)의 천하 체제를 도입해서 고려조를 책봉(023') 하는 방식을 택한다. 그렇지만 북계와 동계의 일부 지역은 예외로 하는데 총관부 등의 조직을 두고 직접 지배의 형식을 취한다. 화주(영흥) 지역을 중심으로 한 쌍성총관부와 평양 지역을 중심으로 한 동녕부가 그것이다. 탐라(제주)도 같은 경우에 속한다.

원이 고려조의 핵심 지역인 5도(위)와의 통합성이 상대적으로 떨어지는 양계와 탐라(제주)를 직접 지배의 대상으로 삼고 (책봉을 한)고려조를 견제하는 방식을 취한 것은 나름대로의 타협책의 일환일 수도 있다. 결국 원래 북방 북국(본문 5)의 영역이었던 양계는 5도(위)보다는 먼저 조정의 대상이 된 셈이다. 그나마 북계의 동녕부(1270~1290)는 얼마 지나지 않아 되돌려주지만 동계의 쌍성총관부(1258~1356)는 상당히 오랜 기간 지속된다. 여하튼 양계는 그 이름처럼 변경 지역이고 고려조 후기 몽골 원 당시에도 맨 처음에 그 영향을 받는 지역이 된다. 그만큼 양계 지역의 제도도 고려조 내내 안정적으로 기능하고 있었던 것은 아니라고 해야 한다.

고려조 말기에는 양계가 여러가지 이름으로 불린다. 양계 지역은 그 제도적인 측면에서 볼 때(위) 점차로 그 특유의 모습이 점차 사라지면서 고려조 말기와 조선조 초기를 거치면서 5도(위)와 흡사한 방식으로 조정이 된다. 조선조에서는 북계 즉 서북면은 평안도로 바뀌고 동계 즉 동북면은 함경도로 바뀐다. 더 정확히 말해서 1413년(태종 13년) 양계 지역은 드디어 평안도/ 영길도란 이름으로 정식으로 양계 또는 그와 관련된 명칭을 버리고 조선조 8도의 하나로 거듭난다. 그렇지만 영흥 길주의 영길이란 이름이 잘 말해 주듯이 동계 지역은 여전히 함경북도의 남단 지역까지 만 확보된 상태였다. 다시 말해서 현재의 함경북도의 북단은 그 영토 밖의 지역이었다.

영길도는 이후 함길도로 이름이 바뀐다. 그 과정에서 도의 행정 중심도 영흥에서 함흥으로 다시 영흥으로 또 다시 함흥 으로 이동한다. 고려조 천리장성을 기준으로 한다면 영흥(화 주)은 그 안이고 함흥은 그 밖이다. 물론 고려조에서 천리장성 이북 지역을 도모하지 않은 것은 아니다. 윤관(?~1111)의 여진 정벌(1104, 1107)이 대표적이다. 그렇지만 윤관이 개척해서 9성 을 쌓고 민을 이주시킨 그 지역을 고려조에서는 방위 상의 어 려움 때문에 되돌려준다. 결국 천리장성 북쪽 지역인 함흥과 길주는 오랜 기간이 지난 후에 야 한반도 국가의 영역 안으로 들어온다. 함흥은 조선조 태조(아래)가 양위한 후에 칩거한 곳 이기도 하다.

조선조의 함경도는 남병영과 북병영(병영은 병마절도사영의 줄임 말이다) 두 지역으로 구분한다. 함경도를 제외한 8도는 대부분

좌도와 우도로 나뉘는 것과는 비교가 된다. 함경도는 남북으로 길게 뻗어 있는데 그것도 역사적으로 상당한 시차를 두고 한반도 국가로 편입(023')이 된 것이다. 남병영은 함흥 위의 북청에 설치되는데 남병사(병사는 병마절도사의 줄임말이다)의 지휘를 받고 북병영은 길주 위의 경성에 자리잡는데 북병사의 지휘하에 있다. 북병영이 동계(동북면)의 사실 상의 최 북방의 변경이라 할 수 있다. 동계 지역이 조선조에 영길(영흥과 길주)도/ 함길(함흥과 길주)도를 거쳐서 함경도(함흥과 경성)가 되는 것은 앞서 말한 동계 지역의 확장을 잘 말해 준다.

북병영의 최 북단은 물론 우리에게 비교적 익숙한 6진(023')이다. 경흥진/ 경원진/ 온성진/ 종성진/ 회령진/ 부령진 의 6진은 조선조에 와서 그것도 세종 대에 비로소 한반도 국가로 편입이 된다. 그들 지역은 행정 구역 상의 명칭이 경흥부/ 경원부/ 온성부/ 종성부/ 회령부/ 부령부 로 불리지만 그 체제는 고려조 양계의 방어진(위)의 형식을 그대로 유지한다. 북병영 관할 지역의 행정 구역은 대부분 거진(巨鎭)으로 편제된다. 양계 지역 즉 조선조의 평안도와 함경도에 설치된 거진이 31개에 달하는데 비해서 기타 6도의 거진은 다 합해서 24개일 정

도이다(기타 6도는 부윤, 목사, 대도호부사 등의 계수관에 해당하는 고위 지
방관만이 거진의 지휘자가 된다).

　함경도 지역은 이른 시기에는 옥저, 읍루, 동예(023')의 민족
집단이 활동하던 곳이었다. 이후 고구려의 영토가 되었다가
다시 발해(남해부)의 지배 영역으로 들어간다. 또 다시 거란 요/
여진 금을 거치면서 고려조가 그 최남단인 용흥강 유역까지
지배하는데 앞서 말한 천리장성(위)은 바로 그 부근까지 이어
진다. 그나마 화주(영흥) 주변도 고려조 후기에는 몽골 원의 쌍
성총관부로 넘어가고(위) 거의 말기인 공민왕에 와서야 수복이
되는 상황이다. 물론 북계의 서경(평양) 주변은 원의 동녕부가
되긴 하지만 비교적 이른 시기(충렬왕)에 고려조로 다시 들어온
다. 동계인 함경도 지역은 북계인 평안도 지역에 비해서도 상
당히 오랜 기간이 지난 다음에 한반도 국가로 편입(위)이 된다
는 것은 앞서 말한 바와 같다.

　한반도 지역에는 각 지역을 부르는 별칭이 있다. 관동/ 관
서/ 관북도 그 가운데 하나다. 그 세 용어는 모두 관(關)이란 말
이 들어가지만 각각 가리키는 곳이 다르다. 그 가운데 관북이

바로 함경도를 지칭하는 용어다. 그 때의 관은 철령(대략 강원도와 함경남도 사이 더 정확히 말해서 회양과 고산 사이의 고개다)인데 철령 이북이란 의미다. 동계는 처음에는 관동(강원도 영동) 지역과 그와 인접한 관북 지역이 그 중심 지역이지만 이후 동해안을 따라 북쪽의 함흥/ 길주/ 경성을 넘어서 두만강 지역까지 이어진다(위). 북계(위)가 고려조 전기에 이미 압록강까지 확장되는 데 비해서 동계는 고려조 말기와 조선조 초기를 지나서야 두만강에 도달한다.

함경도 지역은 조선조를 건국한 이성계 가와도 관련이 있다. 영흥(화주), 덕원, 함흥은 물론이고 두만강 바로 건너의 알동(아래)도 포함된다. 태조 이성계는 영흥에서 태어난다. 영흥은 부친인 이자춘(환조)(목조, 익조, 도조, 환조가 4대조다)이 천호로 있던 지역인데 1356년 공민왕이 쌍성총관부를 수복할 때 협조해서 삭방도 만호 겸 병마사의 직위를 받는다. 이성계는 홍건적, 왜구, 여진 등을 토벌에 공을 세우는데 특히 그 지역의 여진을 정벌하고 동북면 병마사(나하추 침입 당시), 동북면 원수, 지문화성사, 화령(화주) 부윤(함주 침입 격퇴)의 직위를 받기도 한다. 영흥(화주)은 현재는 금야라는 군으로 불리지만 오랜 기간 그 주변 지역(정평, 고원, 요덕으로 둘러싸인 지역이다)의 중심 역할을 한다.

두만강 건너의 알동(경원 경흥의 대안이다)은 4대조인 목조(이안사)와 3대조인 익조(이행리)가 천호로 있던 지역이다. 러시아가 연해주를 차지함에 따라 6진 지역의 일부는 러시아 지배 하에 들어가는데 그 지역과도 가깝다. 이성계 가는 그 지역에 있던 조상의 묘소 2기를 경흥으로 이장하고 다시 함흥으로 이장한다. 영흥 위의 함흥은 '함흥차사'란 말이 있듯이 태조 이성계와 관련이 있다. 태조는 양위한 뒤에 함흥에서 거주한다. 함흥은 이후 함경도(8도)의 중심 지역 역할을 한다. 덕원부(의주)는 원산만 지역인데 그 곳에서도 그 가계는 천호를 지낸다. 현재의 원산은 그 경내의 작은 어촌인 원산진이 한말을 거치면서 원산부가 되고 그 지역의 중심지가 된 것이다.

동계 지역은 북한(조선민주주의인민공화국)에서는 함경남도/ 함경북도/ 양강도/ 나선 특별시/ 강원도로 나뉜다. 양강도는 대략 함경남도의 북쪽 부분에 해당하는데 두만강과 압록강 두 강을 면한 지역이고(북계 지역의 자강도의 강은 도시 이름 강계다) 혜산이 행정 중심지다. 혜산은 이전의 갑산도호부의 여러 진 가운데 하나였다. 갑산은 '삼수 갑산'이란 용어에서 알 수 있듯이 외진 지역인데 한말의 23부제(1895~6) 하에서는 전국의 23개 광역 행정 구역의 하나로 편제된 바 있다. 나선 특별시는 이전의 6진 가운데 최남단인 경원을 포함한 지역인데 러시아 연해주와 접해 있다. 강원도는 휴전선 이북의 강원도 지역에다 이전의 함경남도 원산을 넣어서 만든 행정 구역이다(철령의 이남과 이북이 다 들어가 있다).

보론 9

소 중화론

한반도 3조(본문 2) 가운데 고려조 후기(고려 2기)와 조선조 후기(조선 2기)는 북국 제국(본문 8)인 원과 청의 영향 하에서 한반도 국가(본문 1, 2, 3, 4)가 영위된 시기라 할 수 있다. 그 시기에는 북국 제국의 책봉(023') 하에서 한반도 국가는 상대적인 독립, 자율, 자치를 유지한다. 다만 그 두 제국은 비록 천하 체제(023')를 이어받은 국가인 것은 분명하지만 구 중국(본문 9, 10, 11, 12)의 국가들과는 문화적으로 상당한 차이가 있다. 그 시기 동안 고려 조선 양조는 원과 청 두 제국에 대한 사대(023')를 기본으로 하고 있긴 하지만 자주(023')적인 움직임도 포착된다. 고려조 후기의 단군 담론(024 a)이 자주의 경향의 하나란 것은 더이상 말할 것도 없다. 그런데 조선조 후기의 소 중화론(아래)도 그러한 맥락일 수 있다.

소 중화 담론은 주로 조선조 후기(2기)를 배경으로 하고 있긴 하지만 그 용어는 이미 고려조 후기에도 나온다. 그 시기를 대표하는 저작 가운데 하나인 "제왕운기"(1287)가 그것이다. 그 저작의 권하(동국군왕 개국연대) 병서(竝序) 바로 다음인 도입부에서 '소 중화'란 용어를 언급하고 있다. 그 책은 기본적으로 원 제국 중심의 시대 변화를 인정하고 있지만(권상, '정통상전송') 사대(위)적인 흐름 외에 자주(위)적인 흐름을 보여준다. 그것은 현대의 북한이 대륙의 사회주의권에 편입되면서 사회주의(당연히 사대적인 입장이다)를 표방하지만 그것과 대비되는 여러 가지 이론(주체 사상과 본토설이 대표적이다)을 통해 자주(위)적 입장을 보이는 것과 흡사하다 하겠다.

명(1368~1644)은 북국 제국(위) 원(1206~1368) 말기 반원의 기치를 걸고 한족 왕조를 세운다. 또한 조선조와 책봉 조공 관계를 맺고 그 이전의 당(618~907)과 송(960~1279)에 이어서 한반도 국가(동국)와 동맹 관계를 유지한다. 물론 그 한족 왕조는 전제적인 황제권이 강화되고 책봉 문제 등과 관련해서 조선조와 부분적인 마찰은 없지 않았지만 전체적으로는 같은 가치와 제도를 공유하고 정치 군사(본문 12) 적으로 협력하는 사이였음은 분명하다. 마침 만주에 통합 국가(북방 북국)가 부재한 상황에서 양국은 공조해서 여진 세력을 효율적으로 통제한다. 명은 임진왜란(1592~8) 당시 한반도 국가를 구하기 위해서 원군을 보낸 바 있다. 명은 북국 제국(위) 청(1616~1911)으로 교체된다.

고려조도 물론 유교(유교란 용어는 세밀하게 정의해서 사용할 필요가 있다. 김영민 2021) 특히 유교적인 제도와 체제(과거 제도, 관료 제도, 기자 사당 등이 대표적이다)가 국가를 운용하는 중요한 부분이긴 하지만 조선조만큼은 아니다. 특히 조선조 후기는 그 이전인 중종(1506~1544 재위) 대에 사림 운동을 통한 유교화(계승범 2014) 더 정확히 말해서 성리학 화가 거의 자리를 잡은 상황이다. 그 때문에 조선조 후기 사회가 청(위)의 지배를 받아들이는 것은 그 이전의 고려조 후기 사회가 원의 지배를 받아들이는 것보다 상대적으로 더 힘든 상황이었다고 할 만하다. 조선조 후기는 고려조 후기와는 사회 문화적인 분위기가 완전히 다르다고 해야 한다.

그러한 조선조 후기의 시대적 배경 하에서 나온 소 중화 담론에는 중종 이후 인조의 항복(1632)과 효종(1649~1659 재위)의 북벌 시도와 그 이후의 여러 사건들이 복합적으로 작용한다. 그 논의는 현실적으로는 청 책봉 하의 동 아시아 질서 속에서 살고 있으면서도 관념적으로는 이미 멸망한 명을 추종하면서 당시의 조선조가 중화 제국을 대신한 소 중화라는 인식을 가진다는 현상과 관련이 있다. 조선 후기의 소 중화 담론에 대해서는 남한 학계에서 상당 부분 논의가 진행되어 왔고 주로 사대주의(023')와 관련된 것인데 좀더 넓은 시각에서 당시의 소 중화 담론이 갖는 의미를 평가해 볼 필요가 있을 듯하다.

인조, 효종, 현종 다음의 숙종(1674~1720 재위) 때는 서울 종로 창덕궁(비원)에 대보단을 세우는데(1703) 소 중화 담론의 시대적 분위기를 잘 말해 준다. 대보단은 임진왜란 당시 원병을 보낸 명 신종(1573~1620 재위)을 기리는 제단이다. 신종은 우리에게 만력제로 알려진 인물인데 만력은 연호다. 명은 전기의 홍무제(태조)와 영락제(성조)/ 후기의 가정제(세종) 만력제(신종) 숭정제(사종)가 비교적 잘 알려져 있다. 특히 마지막 황제의 연호인 숭정이 유명하다(송시열의 '대명천지 숭정일월'의 그 숭정이다). 대보단은 그에 관한 연구서의 제목인 "정지된 시간"(계승범 2011)이란 표현이 상징하듯이 소 중화 담론으로 기운 조선조 후기의 시대상을 잘 보여준다.

대보단 이전에 이미 경기 가평의 조종암에 글자가 새겨지고 (1684) 충북 괴산(화양리)에 만동묘가 세워진다(1703). 가평의 조종암에는 선조의 친필인 '만절필동 재조번방'(萬折必東 再造蕃邦)이란 글자가 새겨진다. 그것은 임진왜란 때 명이 원군을 보낸 것에 감사하는 내용인데 이미 사라진 명과의 관련을 강조하면서 당시 청에 대한 불복을 암시하는 것이기도 하다. 괴산의 만동묘는 송시열의 제자들이 세운 사당(신종과 사종이 모셔져 있다)인데 조종암(위)의 만절필동(아래)에서 그 이름이 나온 것이다 (그 구절은 화양리 바위에도 새겨진다). 마지막 황제 숭정제(사종)의 친필인 사무사(思無邪)/ 비례물동(非禮勿動)은 조종암(위)/ 화양리에 각각 새겨져 있다.

위의 '만절필동' 이란 용어는 대한민국(남한)의 주중 대사(노영민)가 신 중국(보론 11)의 시(習) 주석을 만날 때 사용해서 다시 한 번 소환이 된 적이 있다. '황하가 만 번을 구비 돌아도 결국 동

193

쪽을 향한다'는 그 용어는 그 다음의 '재조번방'(변국인 조선을 다시 만들어주다)란 말과 함께 임진왜란 당시의 원군에 감사한다는 분명한 맥락이 있는 용어이기 때문이다. 구 중국(위)과 가치와 체제를 같이 하고 동맹의 관계에 있던 조선조의 왕(선조)이 그것도 임진왜란 때의 위기 상황을 극복하는데 결정적인 역할을 한 구 중국(명)에 대한 감사의 말은 충분히 그럴 만한 이유가 있다. 그런데 주중 대사가 북한에 원군을 보내서 남한을 침략한 신 중국의 주석에게 무슨 감사를 해야 하는지 알 수 없다.

조선조의 소 중화 담론(위)에 대해서는 일정 부분 논의가 이루어진 바 있다. 우선 중화주의 란 것이 분명히 구 중국(위)의 역사와 영토와 국가와 민족 집단과 관련이 있는 것이 분명한데 그것이 과연 국가와 민족 집단과 무관한 것일 수 있는가 란 논의가 있었다. 이른바 조선 중화주의의 초 국적/ 초 종족 성(김영민 2021)에 대한 논의는 중화주의가 강한 국적/ 종족 성을 동반하지 않는다(우경섭 2013)고 할 수도 있지만 그렇다고 해도 조선 중화주의가 의문 없이 성립하는 것은 아니란 것이 대체적인 시각일 것이다. 그렇지만 이미 사라진 국가(명)에 대한 사대는 사대가 아니라는 변호(우경섭, 각종 언론)는 그다지 적절하

진 않은 듯하다(아래).

조선조를 소 중화로 인식하는 이른바 조선 중화주의(정옥자 1998; 우경섭 2013)는 당연히 사대주의라 할 만한 요건을 갖추고 있다. 무엇보다 그것이 조선조 전기처럼 명이 존재하고 이전부터 내려오던 동 아시아 지역의 천하 체제(위) 하에서 책봉과 조공의 형식으로 이루어지는 전략적 사대와는 완전히 성격이 다르기 때문이다. 조선조 후기 특히 1632년 이후는 조선조가 청(후금이 1636년 국호를 바꾼다)의 영향권 아래 편입이 된 상태이고 더구나 1644년에는 명이 사라진다. 현재의 청이 아니라 이미 멸망한 명에 대한 사대는 더 이상 전략적 사대일 수가 없다. 그것은 사대 그 이상의 것이고 더 정확히 말해서 이상화된 사대인 사대주의(위) 라고 할 만하다.

조선 중화주의는 정치 군사(본문 12) 적인 것이 아니라 문화적인 측면의 논의라고 할 수도 있다. 그것은 동 아시아 세계(Nishizima 1983) 또는 동 아시아 문명권(조동일 2010)의 중세적인 보편을 의미하는 것일 수 있기 때문이다. 공동 언어(한문)와 보편 종교(유교)와 책봉을 근간으로 한다는 동 아시아 문명권(물론 그 정의는 전 지구적인 분류를 전제로 한 것이라서 소략한 면이 전혀 없지는 않다)의 그 체제는 문화와 가치와 관련이 있고 이른바 어떤 시대 어떤 지역의 이른바 보편성과도 관련된다. 그렇다 하더라도 조선 중화주의의 이른바 문화적 보편적 측면이 이념적인 논의라는 것은 말할 것도 없다. 여하튼 그 중화주의는 사대주의로 흐른다. 그래서 원래의 정치적 전략적 사대(위)와는 상당한 거리가 있다.

소 중화 담론은 위에서 논의한 바처럼 기본적으로 사대주의(위) 적인 면에 있는 것은 분명하다. 그렇다고 하더라도 당시 명(위)이 사라진 상황에서 당시의 천하 체제를 구현하던 이민족 왕조인 북국 제국 청에 대한 하나의 대응 방식이란 면에서는 사대(위) 아닌 자주(위)의 방식일 수 있다. 고려조 후기(2기)의 "제왕운기"에서 이미 언급되고 조선조 후기(2기)에 여러 가지 측면에서 실행이 되는 소 중화 담론은 기본적으로는 사대주의적인 것이지만 시대적인 맥락에서는 자주를 도모하는 한 방식이기도 하다는 것은 부인할 수 없는 사실이다. 그야말로 '소 중화의 역설'이라 할 만하다. 사대와 자주의 경계는 그다지 분명하지 않다.

고려조 후기/ 조선조 후기에 구 중국(위)이 무국(stateless)적 상황으로 간다는 것은 북방 북국(본문 5)의 북국 제국(위)이 천하 체제(위)를 대신한다는 것을 의미한다. 북국 제국은 물론 한족 왕조와는 다른 면이 많지만 정치적으로는 그 대행 역할을 하고 역사서에도 올라간다(요사, 금사, 원사가 24사에서 들어가고 청사고가 25사에 들어가기도 한다). 소 중화 담론이 사대적(계승범 2011) 인 것인가 자주적(우경섭 2013) 인 것인가에 대해서는 입장이 엇갈릴 수밖에 없겠지만 그것이 자주적인 것이라 해도 어느 정도 한계는 있다. 조선 중화주의가 아무리 초 국적/ 초 종족(위) 적이라 하더라도 한반도 3조(본문 2) 또는 조선조가 오랜 기간 추종해 온 구 중국(위)의 문화와 가치인 것은 분명하기 때문이다.

보론10

사대 문제

    우리 인류는 이른바 인류학에서 말하는 무리 사회 〉 부족 사회 〉 치프덤(군장 사회)의 단계를 거쳐서 국가 단계로 간다. 국가 단계의 집단이 대세를 이룬 이후에는 물론 어떤 한 권역 안에서 국가 간에 차이가 나는 것도 사실이다. 한반도가 속한 동아시아의 경우도 마찬가지다. 현재 동 아시아는 '해양 대 대륙'(아래)의 구도가 선명하다. 그 가운데 대륙의 사회주의권은 신 중국(보론 11)이 압도적인 우위를 보이고 해양의 자유민주권은 미국이 그 중심을 이룬다. 19세기 이전에는 오랜 역사를 가지고 문화적으로도 앞선 구 중국(본문 9, 10, 11, 12)이 역내에서 우위를 유지하지만 정치 군사적으로 상당한 세력을 가진 북방의 유목 제국(흉노/ 돌궐 이 대표적이다) 또는 북국 제국(본문 8)도 수시로 득세한다.

　어떤 한 시기의 어떤 권역 안의 정치 군사(023') 적인 패권이
란 문제에 대해서는 서구 학계에서 여러가지 이론이 나오기도
했고 국내의 정치 평론가들도 수시로 그런 이론을 언급한다.
지금도 그렇지만 이전에도 한반도는 이른바 지정학적인 요인
으로 해서 그러한 패권과 대립의 역사 속에서 지내온 것이 사
실이다. 7~19세기까지는 '한반도 국가/ 북방 북국/ 구 중국'의
구도(김한규 2004; 이삼성 2009 a; 손동완 2022) 하에서 구 중국(위)과
북방 북국(본문 5) 사이의 패권 경쟁이 반복적으로 진행된 역사
가 있다. 현재도 한반도 지역은 신 중국(위)과 미국의 패권 경
쟁이 첨예하게 대립한다. 어떻게 말하면 한반도 지역에서 지
정학, 패권 등의 용어를 언급하는 것 그 자체가 진부한 것일
수도 있다.

　현재 남한 연구자들 또는 정치인들의 대 중국 언급을 보면
부분적인 팩트 상의 오류는 그만두고 라도 구 중국(위)과 신 중
국(위)을 뒤섞어서 심각한 착란을 보이는 일이 비일비재하다.
한 정치 사상 연구자가 말한 바처럼 중국은 하나가 아니다(김

영민 2021). 그 연구자처럼 오랜 기간에 걸친 구 중국의 다양한 변화에 대해서까지는 아니더라도 적어도 구 중국(위)과 신 중국(위) 정도는 구분해서 논의를 해야 할 듯하다. 더구나 그들의 논의가 대 중국 전략에 관한 것이라면 더 더욱 세밀한 분석과 발언이 요구된다고 할 수 있다. 사대 문제도 그 가운데 하나인데 구 중국을 향한 사대(아래)와 신 중국을 향한 사대(아래)는 맥락이 완전히 다르다고 해야 한다.

한반도 3조(본문 2)는 대체로 구 중국(위)과는 좋은 관계를 유지해 왔다. 그 세 국가의 구 중국을 향한 정치적 사대 또는 전략적 사대는 그만한 충분한 이유가 있다(본문 12). 북방 북국(위)과 줄곧 대치해 온 한반도 3조를 일관한 정치 군사적 상황에서 구 중국과 연대하는 전략적 사대는 현실적인 것이었다 할수 있다. 더구나 문화적인 측면에서 구 중국의 문화(본문 10)는 한반도에서 하나의 보편(아래) 적인 그 무엇이라 할 정도의 것이라 해도 과언이 아니다. 정치 군사(위)는 물론이고 문화(위)적인 측면까지 더해진 구 중국을 향한 한반도 국가의 사대 정책은 상당한 이유가 있는 것임에 틀림없다. 그렇다고 한다면 이전의 구 중국을 향한 사대(본문 12)까지 무조건 사대주의(아래)

라고 비난하는 것은 재고의 여지가 있다고 해야 한다.

이전의 구 중국을 향한 사대와 친중(친중 1)은 현재의 신 중국을 향한 사대와 친중(친중 2)에 비해서 훨씬 더 설명이 용이하다. 그 친중(친중 1)은 앞서 언급한 바와 같이 구 중국과 문화(위)적인 측면에서 공유하는 점이 많을 뿐만이 아니라 정치 군사(위)적 측면에서 동맹에 가까운 관계였기 때문이다. 다시 말해서 한반도 국가와 구 중국(위)은 기본적으로 같은 이해를 추구한 것이고 그것이 전략적 사대(본문 12)를 넘어서 사대주의(023')로 흐른다고 해도 그럴 만한 이유가 있다. 반면 신 중국을 향한 사대와 친중(친중 2)은 이전의 친중(위)과는 양태가 매우 다르다고 할 수밖에 없다. 더구나 그것이 현재 남한 친중파(보론 12)가 보여주는 사대주의로 흐른다면 더 더욱 그렇다.

적어도 구 중국(위)은 이전의 한반도 국가(위)와 가치와 제도를 공유하고 문화적인 동질성을 확보한 것뿐 아니라 정치 군사적으로도 동맹에 가까운 관계였던 것이 팩트다. 그런데 비해서 현재의 신 중국(위)은 자유민주권인 남한과는 가치와 제도가 완전히 다르다. 사회주의적 현대화를 겪은 신 중국은 북한(조선민주주의인민공화국)은 몰라도 남한(대한민국)과는 문화적으로 상당히 다른 것은 말할 것도 없다. 더구나 신 중국(위)은 남한과 정치 군사적으로 대립하고 있는데 현재 남한은 해양의 미국/ 일본과 동맹 또는 그에 준하는 관계를 유지하고 있다. 그렇다고 할 때 과거 한반도 국가의 구 중국을 향한 사대(본문 12)와는 달리 현재 남한 친중파(위)의 신 중국을 향한 사대는 상당히 이해하기 힘든 것이다.

무엇보다 이전의 구 중국(위)을 향한 사대와 친중(친중 1)과 현재 신 중국(위)을 향한 사대와 친중(친중 2)이 같은 선상에서 다루어지는 것은 결코 바람직하지 않다. 왜냐하면 위에서 여러 차례 반복해서 설명한 바와 같이 구 중국에 대한 한반도 3조(대 신라/ 고려조/ 조선조)의 친중(친중 1)과 현재 신 중국에 대한 남한의 민주화파(민주화 세력)(023')와 그에 동조하는 학계, 언론계, 경제계의 친중(친중 2)은 같은 차원에서 거론되는 것이 전혀 적절하지 않기 때문이다(보론 12). 현재 남한 민주화파의 신 중국을 향한 사대는 그다지 맥락이 없는 사대주의(사대주의는 현실적인 사대 정책 그 이상의 것을 의미한다, 보론 9)라 할 수밖에 없을 듯하다(아래).

무엇보다 한반도 3조(본문 2)의 구 중국(위)을 향한 사대 정책을 근대의 민족주의(박찬승 2010) 적 입장에서 통렬하게 매도하는 것은 재고해야 한다. 구 중국을 향한 사대와 친중(친중 1)은 현재의 입장에서, 더 정확히 말해서, 1885년 이후의 입장에서 재단해서는 안 될 듯하다. 말하자면 한반도 3조의 구 중국을 향한 사대 정책은 현재 남한의 미국을 향한/ 또는 북한의 구 소련과 신 중국을 향한 사대 정책과 흡사한 면이 있다(아래). 기존의 이른바 민족주의적 성향을 보이는 여러 세력들은 구 중국(위)과 관련해서 감정적인 측면만 강조하는 경향이 뚜렷했다고 할 수 있다. 그렇지만 그것은 역사를 무시한 단편적인 입장이라고 해야 한다.

동 아시아 지역에서 7~19세기와 그 이후인 20, 21세기는 그 사이에 정치 군사적인 전환(023')이 이루어지는 만큼 단절이 있는 것은 너무나 당연한 일일 것이다. 해양 세력의 등장으로 그 지역이 '대륙 대 해양'(위)의 구도로 변하고 대륙의 사회주의권/ 해양의 자유민주권이 대립한다. 물론 구 중국(위)의 측면에서 볼 때도 그 단절은 단순하지 않다. 왜냐하면 그 지역의 19, 20세기는 매우 복합적인 면을 가지고 있기 때문이다. 그것은

1912년 중화민국이 들어서면서 구 중국에서 지속되어 온 왕조 체제의 몰락이자 구 중국의 마지막 구간을 장식한 북국 제국 (위)의 몰락이자 오랜 기간 유지되어 온 봉건적 사유의 몰락이 기도 하다.

동 아시아 지역의 그러한 단절이 그 자체의 동력이 아니라 서세, 외세의 잠식으로 이루어진다는 것은 더 심각한 상태를 유발한다. 사회주의가 본격적으로 들어가기 전에도 그 지역의 근대 지식인들은 반 봉건의 기치를 높이 내 건다. 그 덕분에 한반도의 지식인들(특히 개화파)도 구 중국(위)에 대해서 아주 부 정적인 인식을 갖게 되고 그것이 구 중국과 연관된 7~19세기 까지의 역사를 객관적으로 보는 것까지 방해한 듯하다. 그러 한 여러 요인으로 인해서 민족주의적 접근이 구 중국에 대한 인식에 영향을 미쳐서 한반도 국가(본문 1, 2, 3, 4)의 현실적인 정치적 사대, 전략적 사대 란 면까지 폄하 당해 온 것이 사실 이다. 한말과 식민지기를 관통하는 민족주의(위)의 흐름은 그 부정적인 면도 만만치 않다고 해야 한다.

그러한 전환(위)의 과정 속에서 한말 이래 구 중국을 향한 사

대와 친중(친중 1)의 흐름이 여전히 존재한 것은 분명하다. 위
정척사파(함재봉 2017)가 대표적이다. 그것은 오랜 기간에 걸친
문화적 환경이란 관성이 작용한 것일 수도 있다. 그 이전과는
달리 한말 이래의 구 중국을 향한 사대와 친중(친중 1)은 시대
에 뒤떨어진 것이 분명하다. 점차 그 세력이 약화되어 왔고 결
국은 소멸이 될 것이다. 현재 어느 정도 세력이 남아 있는 유
림과 유림에 기대던 동양 철학 연구자 일부가 그 잔존 세력이
라 할 수 있다(현재는 동양 철학 연구자들이 상당한 자생력을 보인다). 유
림과 유림의 대표 격인 유명 가계의 종손들도 이제는 명절 때
차례 상과 관련해서 단골로 소환되는 존재 정도로 위상이 변
화하고 있다.

여기서 신 중국을 향한 사대(위)를 좀 더 논의한다면 남한 친
중파(위)와는 달리 북한의 정치적, 전략적 사대는 수긍할 만한
점이 없지 않다. 북한은 신 중국과 사회주의라는 같은 이념과
가치를 공유하고 정치 군사적으로 동맹 관계이기 때문이다.
현재 북한은 신 중국(위)처럼 사회주의적 현대화를 겪어 온 집
단이고 대륙의 사회주의권 특히 신 중국과 동맹 관계인 것은
우리가 잘 아는 바와 같다. 그러한 북한이 사회주의 또는 사회

주의를 선도한 국가인 구 소련(현재 러시아 연방)과 신 중국에 대해서 전략적 사대의 경향을 보이는 것은 어떻게 보면 당연하다 할 수 있다. 그것은 남한이 자유민주적 가치를 도입하고 기독교와 세계적인 수준의 대중 문화를 전파한 미국에 대해 사대의 경향을 보여 온 것과 비슷한 차원의 것일 수 있다.

물론 북한은 그것을 중화시킬 목적으로 자주적인 그 무엇을 제시하기도 한다(아래). 1960년대에 등장하는 주체 사상이 대표적이다. 그리고 외교적으로도 가끔씩 신 중국(위)을 견제하는 정책을 쓰기도 하지만 북한의 기본적인 외교 정책은 신 중국과의 연대라는 것을 말할 필요도 없다. 고려조 후기(2기)의 원 제국 지배 하에서도 사대(023')와 자주(023') 두 가지를 보여주는 흐름이 포착된다(보론 9). 저자의 저작에서 자주 인용되는 "삼국유사" "제왕운기"에서 제시하는 단군 담론(024 a)이 대표적이다. 여하튼 신 중국(위)을 향한 북한의 사대와 친중은 그것이 사대주의로 흐른다고 해도 상당한 이유가 있는 현실적인 정책이란 것은 너무나 분명하다 하겠다.

보론 11

신 중국

신 중국은 물론 구 중국(본문 9, 10, 11, 12)과 대비되는 의미다. 구 중국의 마지막 왕조인 청은 만주의 퉁구스계인 여진이 세운 북국(후금)이 중원의 한족 왕조(명)를 정복해서 천하 체제를 맡은 이른바 북국 제국(본문 8)인데 1911년 한족 중심의 혁명 세력에 의해서 전복된다. 청 제국의 몰락은 구 중국의 종언이기도 하고 구 중국이 상징하는 이른바 봉건 사회의 종언이기도 하지만 다른 한편으로는 북방 북국(본문 5)의 한 형태인 북국 제국(위)의 종언이기도 하다. 구 중국은 기본적으로 이른 시기 황하 유역의 문화를 바탕으로 한족(Chinese Han)(본문 11)이 성립하고 그들 집단이 중국 대륙으로 확산해서 한족 왕조를 세운 것인데 그 사이 사이에 그 주변의 이민족이 들어간다.

청(1616~1911) 다음이 중화민국(1912~49)이고 그 다음이 중화인민공화국(1949~)인데 신 중국(위)은 주로 중화인민공화국을 말한다. 중화민국 시기에 중국 공산당(CCP, 1921~)은 항일 전쟁을 명분으로 해서 국(국민당) 공(공산당) 합작을 한다. 그 과정을 통해서 대 도시 지역을 중심으로 지하에서 세력을 확장하던 중국 공산당은 외곽 지역을 확보하고 점차 중국 대륙을 잠식한다. 국민당 군대의 포위망에서 벗어나는 이른바 대 장정(1934~5)도 잘 알려져 있다. 결국 공산당이 대륙을 차지해서 중화인민공화국을 세우고 국민당은 대만(타이완)(아래) 섬으로 물러간다. 소비에트 연방(위)의 지원 하에 몽골에 이어서 중국 대륙이 공산화하고 그 때 성립한 국가가 바로 위의 신 중국이다.

신 중국은 이전의 청(위)의 영토를 물려 받는 국가이기도 하다. 더 정확히 말해서 중화인민공화국(1949~)이 중화민국(1912~1949)에 이어서 북국 제국 청의 영토를 승계한다. 신 중국은 만주 뿐만이 아니라 내 몽골/ 신강/ 티베트(아래)까지 차지한다. 그 가운데 만주(Manchuria) 지역을 병합한 것이 훨씬 더 큰 의미가 있다. 왜냐하면 7~19세기까지 지속되던 동 아시아의 '한반도/ 북방 북국/ 구 중국'의 구도(김한규 2004; 이삼성 2009 a;

손동완 2022)가 완전히 소멸이 되기 때문이다. 말하자면 오랜 기간 지속되던 그 지역의 정치 군사(023') 적인 지형이 완전히 변화한다. 그 결과로 한반도 지역은 그 이전과는 사뭇 다른 조건 하에 놓이게 된다.

만주 지역은 현재 신 중국의 동북(Dongbei)으로 편입되어 있다. 이른바 동북 3성(요녕/ 길림/ 흑룡강 성)이다. 인접한 내 몽골 동편을 포함한 그 지역의 민족 집단(아래)은 여러 차례 중원으로 들어가서 그 일부(요, 금) 또는 전부(원, 청)를 지배한다. 그 결과로 일찍부터 그 일부가 한족(본문 11)에 흡수되기도 하지만 만주는 워낙 광대한 외곽 지역을 확보하고 있는 만큼 지속적으로 새로운 집단이 등장한다. 만주 기원의 민족 집단(3북) 가운데 예맥계(고구려)는 비교적 이른 시기에 명맥이 끊어진다. 7세기 이후 통합 국가인 발해, 요, 금, 원, 청 가운데 요와 원은 동호계로 분류되는데 알타이언어인 TMT 가운데 몽골어(M) 사용 집단에 해당한다. 반면 발해와 금과 청은 읍루계(숙신계)로 분류되는데 퉁구스어(T) 사용 집단이다.

바로 위에서 말한 바처럼 만주 이외의 지역도 신 중국(중화인민공화국)으로 병합이 된다. 다만 만주 지역이 성(省)으로 편입이 되는데 비해서 그 외의 지역은 내 몽고 자치구/ 신강 위구르 자치구/ 서장 자치구 로 편입이 된다. 신 중국의 행정 구역은 직할시/ 성/ 자치구/ 특별 행정구가 같은 급(그 규모에 있어서는 미국의 주에 버금가지만 미국의 주 같은 위상은 아니다)인데 자치구는 그 지역 민족 집단(민족 1)이 한족(위)과는 상당한 차이가 있는 경우에 해당한다. 위의 세 자치구는 각각 몽골족/ 위구르족/ 티베트족의 영역을 신 중국의 행정 체계로 흡수한 것이다. 그 세 지역은 구 중국(중원)과는 구분되는 역사와 문화가 유지되어 왔다.

그 가운데 서장 자치구의 티베트족(장족 藏族)은 오랜 기간 티베트 고원에서 특유의 문화를 펼치면서 다른 역사 공동체를 이루어 왔다고 할 만하다. 서장 자치구는 라싸를 비롯한 도시 지역에는 한족이 대거 이주해서 변화를 겪고 있는 중이다. 이미 오래 전에 티베트의 라마교 지도자인 달라이 라마는 인도로 망명해서 망명 정부를 수립하고 그 지역의 티베트인 공동체를 이루고 있다. 현재 서장 자치구 뿐 아니라 청해성/ 사천성(특히 서부) 등의 지역에서도 장어(티베트어) 사용 소수 민족 집

단이 산재한다. 장어는 한 장어(Sino-Tibetan)의 하위 집단이다
(본문 11). 분류 상 장어(위)와 가장 가까운 한어(한어 1)는 한족(본
문 11)과 장, 태, 동, 수, 묘, 요(023') 같은 소수 민족이 사용하는
언어다.

내 몽고 자치구와 신강 자치구도 북국 제국 청이 전반기에
정복해서 영토로 편입시킨 지역이다. 여진의 후금 즉 청(위)은
처음부터 그 이전의 원(1206~1368)의 영광이 남아 있는 몽골과
의 유대를 표방하고 청의 황제는 공식적으로 몽골의 칸을 겸
한다. 북국 제국 청이 막을 내리고 나서 20세기에 소비에트 연
방(위)이 중앙 아시아와 몽골(외 몽골)을 사회주의 화 시키고 이
어서 중국 공산당을 지원해서 중화인민공화국(위)이 성립한다.
소비에트 연방은 중국의 화북 지역과 가까운 내 몽골은 신 중
국의 지배를 허용한다. 내 몽고 자치구도 현재 한족이 대거 이
주하고 공업지대 화 한 곳도 적지 않다. 그 자치구는 서쪽의
청해성에서 동쪽의 흑룡강성까지 걸쳐서 면적도 만만치 않는
데 신 중국의 북단을 이루고 있다.

신강(Xinjiang)은 이전에는 우리에게 서역이란 이름으로 더 잘

알려져 있는데 최근 외신에 등장하면서 훨씬 더 익숙한 지역이 된다. 천산 산맥은 신 중국과 중앙 아시아 국가 사이의 국경을 이루고 다시 신강 자치구를 남북으로 나눈다(자치구의 수도인 우루무치는 그 북쪽이다). 산맥의 빙하가 녹은 물이 지하로 흘러 들어가서 사막의 오아시스를 이루고 농업이 이루어지는데 초원과 사막 지역을 횡단하는 카라반이 지나가고 교역이 이루어진 곳이기도 하다. 감숙성 옥문 밖인 그 지역은 중앙 아시아의 유목 제국 또는 구 중국(위)의 영향 하에 들어가 있었다. 청은 그 지역을 '새로운 강역'이란 이름으로 편입한다. 현재 티베트와 마찬가지로 한족이 도시 지역으로 대거 이주하고 기존의 위구르인들과 마찰을 빚고 있다.

신 중국에서 성(자치구도 동급이다)은 그 아래에 다시 광역 행정 구역인 지급시(우리에게 비교적 익숙한 도시는 대부분 지급시다)가 있고 그 아래에 다시 (현급)시/ 현이 있다. 자치주는 지급시와 동격인 행정 구역인데 소수 민족 집단이 많이 분포하는 지역에 설치된다. 중국 동북(만주) 길림성의 연변 조선족 자치주도 그 가운데 하나다. 조선족은 한반도 밖의 이른바 디아스포라 동포(아래)의 하나다(본문 1). 한반도의 한민족(조선 반도의 조선 민족)은 한반도 내의 북한인/ 남한인을 주로 말하는데 분류 상 그 두 집단과 가장 가까운 집단이 한반도 밖의 '조선족/ 고려인/ 재일 교포/ 미주 한인'(023')이다. 그들은 해당 지역에서 소수 민족 집단을 이룬다. 조선족 자치주에도 현재 한족 유입의 추세가 거세다.

구 중국(위)의 중원은 원래 황하 유역인 화북(아래) 지역만을 의미했지만 화북/ 화중/ 화남 모두를 지칭하기도 한다. 신 중국에서는 이전의 화북/ 화중/ 화남 대신 화북/ 화동/ 중남(아래)이란 분류가 더 일반적으로 사용된다. 우리에게 조금 낯선 분류인 화북/ 화동/ 중남은 화북을 제외한 지역(화북도 이전과는 달리 변동이 있다)을 동부 해안 쪽의 화동과 내륙 쪽의 중남으로 구분한 것이다. 화동은 산동(이전에는 화북으로 분류된 지역이다)/ 강소(상해 직할시는 강소 성 경내에 있다)/ 절강/ 안휘/ 복건/ 강서 등의 성이 포함되고 중남은 하남/ 호북/ 호남/ 광동/ 광서/ 해남 등의 성이 포함된다. 홍콩과 마카오 더 정확하게 말해서 홍콩 특별 행정구와 마카오 특별 행정구는 중남의 광동 성 경내에 있다.

화동 지역은 당연히 대만(臺灣 Taiwan)과 접경을 이룬다. 대만은 중국 본토에서 바다 건너에 위치하고 있는 상당히 큰 섬이다. 그 지역은 중화민국(1912~1949)이 중화인민공화국(1949~)으로 넘어간 후 민국의 국민당 세력이 옮겨간 곳이다. 현재 신 중국(중화인민공화국)은 영국 지배 하의 홍콩/ 포르투갈 지배 하의 마카오를 되찾아서 특별 행정구로 편입한 바 있다(신 중국은 홍콩의 친중파를 집중 지원해서 민주화파를 거의 제압한 상황이다). 그 다음 목표는 대만임이 분명하다. 신 중국이 개방에 이어 G2로 부상하고(아래) 최근 시(習近平 Xi Jinping) 주석이 중국 공산당(CCP)의 집단 지도 체제를 와해시키고 일인 체제로 가면서(2022) 양안의 긴장은 더 고조되고 있다. 대만 성도 신 중국에서는 화동 지역으로 분류한다.

신 중국은 1964~76년 모택동(Mao Zedong)의 문화 혁명 또는 문화대반란(송재윤 2022)을 겪고 이후 화국봉(Hua Guofeng)에 이어 등소평(Deng Xiaoping)의 개혁 개방을 거쳐서 장택민(Jiang Zemin) 후 주석(胡錦濤 Hu Jintao) 시대를 거치면서 점차 지구 상의 패권 국가 위상을 가지는 이른바 G2로 부상한다. 그 동안 이른바 도광양회(韜光養晦)의 전략으로 미국의 용중 전략을 이끌어내고 성장을 지속해 온 신 중국은 시 주석(위) 시대에 와서는 미국과

정면 대결을 불사하는 노선을 취하고 있다. 그 동안 홍콩의 민주화 세력을 무력화시키고 이어서 대만을 무력 침공하려는 계획을 숨기지 않고 있다.

한반도 국가는 이전의 구 중국(위)과는 같은 가치를 공유하고 동맹에 가까운 관계를 유지해 온 것이 사실이다. 그렇지만 현재의 신 중국은 다르다. 신 중국은 북한과는 진영을 같이 하고 같은 가치를 추구하는 것이 맞지만 적어도 남한과 그 배후의 해양의 자유민주권과는 서로 다른 가치를 가지고 서로 다른 진영으로 대치하는 관계이기 때문이다. 구 소련의 붕괴로 냉전 시대의 긴장이 완화되는 추세였지만 현재는 다시 신 냉전 이라 할 만한 시대로 가고 있다. 정치 군사(023') 적인 측면에서 볼 때 남한에서 신 중국(위)을 추종하는 친중파(민주화파가 그 중심이다)는 국가 전략이란 면에서 상당한 불안을 예고하고 있다(보론 12).

보론 12

친중파

현재 남한(대한민국)의 정치 지형은 좌에서 우로 '진보 정당/ 민주화파/ 보수 정당'의 스펙트럼으로 구성되어 있다. 그 가운 데 진보 정당은 한 때 반 헌정 세력에 가까운 부류도 없진 않 았지만 유럽 기준으로 사민당 또는 녹색당 정도의 노선을 보 이고 있다. 보수 정당은 이승만 이래 박정희를 거쳐서 전두환, 노태우, 김영삼 그리고 이명박, 박근혜, 윤석열 정권으로 이어 지고 있다. 그 양 세력 사이의 민주화파는 상당히 특징적인 모 습을 보인다. 김대중, 노무현 그리고 문재인 집권으로 이어지 는 그 세력은 기본적으로 보수 정당 특히 권위주의 정권(박정희 와 전두환)에 반대 투쟁을 한 집단인데 보수 정당을 통칭하는 산 업화 세력이란 용어와 대비되어 민주화 세력이라 불린다.

그 동안 민주화 세력(위)은 수시로 국회의 다수 세력을 확보하고 외견 상으로는 의회 민주주의 내에서 활동을 하는 세력이고 진보 정당한테서 도리어 보수적이란 공격을 받기도 한다. 다만 그들 집단이 민주화 투쟁을 하는 과정에서 상당히 반미 종북(아래)의 성향을 보여 왔기 때문에 이른바 사상적인 의심을 받아온 것이 사실이다. 1970~80년대의 상황 자체가 지식인 사회에서 반미적인 분위기가 팽배하고 그들 세력은 주사파라는 타이틀이 붙을 정도로 친 사회주의를 넘어서 친 김일성주의로 흐른 감이 없지는 않다. 그렇지만 현재 그 집단이 아직까지 문자 그대로의 반미 종북 적인 집단인가는 분명하지 않다. 적어도 그러한 의심을 살만큼 한 때는 급진적이었다고는 할 수는 있다.

남한의 보수 정당(위)이 북한(위)의 사회주의 정권과 대치하면서 그들의 입지를 강화해 온 것은 상식에 속하는 사실이다. 어떻게 말하면 그들은 북한 정권과 '적대적 공생 관계'라는 분석도 충분히 가능할 것이다. 한편 보수 정당이 아니라 민주화파도 북한과의 관계에서 공생적인 면이 전혀 없다고도 할 수는 없을 것이다. 왜냐하면 그들 역시 이른바 분단 체제(백낙청

2021)에 편승하고 있다고 보는 것이 더 정확할 것이기 때문이다. 한반도 국가가 19, 20세기의 근대(본문 1)를 거치면서 2국가 2국민(아래)이 성립한 것은 부정할 수 없는 현실이고 두 개의 국가 위에 더 상위의 개념인 민족(민족 3)이 끈끈하게 작용하고 있다.

그러한 또 다른 의미의 민족(민족 3)은 북한 뿐만이 아니라 남한의 민주화 세력에도 큰 영향을 미치고 있다. 그 세력도 기본적으로 민족주의를 최 상위의 개념으로 삼고 있는 듯하고 그들의 담론에는 분단(체제), 민족, 통일 등의 개념이 큰 부분을 차지하고 있다(문익환, 김수경의 방북으로 상징이 되는 통일 운동도 한 때 유행한 바 있다). 문학 분야에서도 민족 문학(창비 를 비롯한 몇몇 출판 집단이 그 중심을 이룬다)이 담론 시장을 장악하고 있는 상황이다. 그렇지만 무엇보다 북한은 물론이고 남한의 민주화파에게도 금과옥조로 기능하고 있는 민족(민족 3)이 최고의 지도 이념일 수 있는가 는 제대로 논의가 되어야 할 듯하다(결국 2023년 연말 김정일은 민족을 내던지고 2국가 2국민을 선언한다).

민주화파가 한 때 반미 종북(위)의 성향을 보인 바는 있지만 현재의 '해양 대 대륙'의 구도(023') 하에서 어느 정도는 균형 감각을 유지한다고는 할 수 있다. 바꾸어 말하면 한미 동맹(1953~)을 완전히 부정하는 반미 또는 북한을 종주국으로 떠받드는 종북 이란 면에서는 상당 부분 벗어난 것은 사실이라 할 만하다. 그렇지만 적어도 대 중국 관련에서는 아직까지 우려가 되는 면이 많이 남아 있다고 보아야 한다. 민주화파가 기본적으로 친중(친중 2)의 성향을 보인다(보론 11)는 것은 공공연한 팩트이기 때문이다. 물론 친중이란 용어는 다의적인 것이고 그 정도도 서로 다르다는 것을 인정한다 하더라도 전 주중 대사 노영민 사건이 보여주듯 그 뿌리는 상당히 깊다고 할 수 있다(보론 9).

친중 이란 용어는 두 가지로 사용된다. 하나는 구 중국(본문 9, 10, 11, 12)과 관련된 것이고 다른 하나는 신 중국(보론 11)과 관계가 있다. 한반도 국가와의 관계에서 구 중국과 신 중국은 완전히 다른 존재라고 해야 한다. "한국 사람 만들기"란 책(그 책의 논점은 문제가 많다, 022)에서 친중파는 한말의 위정 척사파(아래)를 말하는데 친일파/ 친미파/ 친소파 등과 대비되는 용어로 사용이 된다. 그 친중파의 중국은 신 중국(위)이 아니라 구 중국

(위)이다. 이전의 한반도 국가는 기본적으로 구 중국과는 가치
와 체제를 공유하고 사실 상 동맹에 가까운 관계이고 사대주
의도 제한된 범위에서 해석을 해야 할 듯하다(보론 10). 여하튼
구 중국과 관련한 친중파(친중 1)는 현재 세력이 많이 약화된
상황이다.

사대주의 란 측면과 관련해서(보론 10) 구 중국과 관련이 있
는 친중(친중 1)은 충분히 이해가 가능하다. 왜냐하면 7~19세기
까지의 한반도 국가는 구 중국과 가치(023')와 체제를 같이 하
고 거의 동맹에 가까운 관계를 유지해 왔기 때문이다. 그러한
오랜 기간의 유대가 한말의 위정 척사파(위)를 거쳐서 유림을
중심으로 아직까지 작용한다는 것도 어느 정도는 봐 줄 만하
다. 그렇지만 현재 남한은 문화(023')적으로뿐 만이 아니라 정
치 군사(023')적으로도 신 중국(보론 11)이 아니라 해양 세력인 미
국과 일본과 더 핵심적인 관련이 있는 데도 친중파(친중 2)가
득세한다는 것은 좀 이해하기 힘든 상황이 아닐 수 없다. 특히
남한 친중파의 사대주의는 심각한 양상이라 할 수 있다.

구 중국(위)이 아니라 신 중국(중화인민공화국)과 관계 있는 친

중파(친중 2)는 현재 홍콩의 친중파가 대표적이다. 그들은 홍콩 내에서 친 대륙의 성향을 보이는 세력이다(그들은 홍콩 내의 반 민주화파인데 비해서 남한의 친중파는 민주화파로 규정된다). 홍콩 특별 행정구에서 행정 장관(수반) 직선제와 관련해서 촉발된 우산 혁명(2014)은 세계 언론의 주목을 받지만 곧 사그라들고 만다. 그 전후의 미얀마(버마)의 민주화 운동도 점차로 외신의 관심권 밖으로 밀려난 것도 마찬가지 상황이다. 홍콩은 1997년 영국에서 신 중국으로 넘어가면서 이른바 일국이제(一國二制)란 개념으로 상당 기간 그 독립성을 약속 받지만 신 중국은 홍콩의 친중파를 이용해서 야금야금 그 체제를 무너뜨려 왔다.

현재 남한에서는 친미/ 친일/ 친중(친중 2)이란 용어가 사용된다. 물론 친미/ 친일이란 용어 특히 친일이란 용어는 매우 정치적인 타산에 입각해서 사용이 되고 있기도 하고 그 만큼은 아니지만 친미도 부정적인 용어로 되기도 한다. 위의 친중(친중 2)은 앞서 논의한 바와 같이 구 중국(위)에 관한 것이 아니라 신 중국(위)에 관한 것이다. 현재 남한 민주화파(위)의 신 중국을 향한 사대(본문 10)는 그럴 만한 문화(본문 10)적인 배경이 있는 것도 아니고 대국과의 동맹이란 배경이 있는 것도 아니다(위). 그렇다면 그들의 사대는 다른 요인이 있다고 보아야 한다. 그것은 그들 집단에 북한과 같은 친 사회주의적인 정서가 작용한다는 것일 듯하다.

남한 친중파 즉 민주화파(위)는 좀더 논의할 필요가 있을 듯하다. 남한의 민주화파는 한 때 급진주의적인 노선을 걷기도 했지만 현재는 거의 의회 민주주의 안으로 진입한 것이 사실이라고 한다면 그 부분에 대한 입장 정리가 있어야 할 듯하다. 아니면 신 중국을 향한 사대(위)에는 더 큰 명분이 있어야 할 것이다. 예를 들면 적어도 신 중국이 역내에서 지도적인 위치에 걸맞은 비전을 제시한다면 상황은 다를 수도 있다. 그렇지만 현재 신 중국(위)이 주변 지역에 대해서 그러한 비전을 제시하고 있다고 보이진 않는다. 그보다는 상당히 위협적인 모습을 보이는 경우가 비일비재하다. 더구나 대국의 위상과는 어울리지 않는 대응을 보이기 일쑤다.

특히 시 주석이 일인 체제를 굳히는 과정에서 사드 보복(2016)과 관련한 중국 진출 국내 기업에 대한 제제와 여론몰이는 도가 지나친 것이었다. 거기에다 남한의 여행업과 엔터 산

업에 대해서 상당 기간 제한을 가한 바 있다. 베이징 올림픽 (2008) 성화 봉송 때 남한 국민들의 정당한 의사 표시(홍콩 민주화 관련)를 중국 유학생을 비롯한 인원들이 조직적으로 그것도 폭력적으로 대응한 바도 있다(그것은 우리 주권에 엄연히 미치는 서울 한 복판에서 벌어진 일이다). 만일 중국 베이징에서 한국 유학생이 조직적이고 폭력적인 시위를 한다면 그들이 어떻게 될 것인지는 더 이상 말할 필요가 없다(그 곳에서 대한민국 대통령의 경호원들도 폭행 당한 사례가 있다).

남한의 민주화파가 남한 내의 친중파(친중 2)의 주력을 이룬다고 해도 과언이 아닐 듯하다. 신 중국은 남한과 가치를 달리하고 잠재적인 위협 세력인 데도 불구하고 친중파(친중 2)가 두드러지는 것은 과거 그들 민주화파의 노선이 반영되어 지속된 것이라고 할 수밖에 없다. 정치 세력으로 서의 민주화파는 이미 반미 종북(위)에서 벗어난 지 한참 지난 데도 불구하고 사회주의권에 대한 관성이 아직까지 강하게 작용하고 있다고 할 수밖에 다른 설명 방법이 없을 듯하다. 일반적으로 문화란 것은 단기간에 바뀌지 않는다(가끔씩 일본 특파원 등이 심각하게 지적하는 우리의 상당히 후진적인 교통 문화도 그것을 잘 말해 준다).

민주화파와 그 세력을 옹호하는 측에서는 물론 경제 논리를 내 세울 것이지만 호주의 예를 보듯이 그것은 독이 든 성배일 가능성이 높다. 호주는 정체성이란 면에서는 구미의 앵글로 색슨계 국가와 많은 부분을 공유하지만 지역적인 면에서는 아시아 태평양의 범위에 속한 국가다. 신 중국은 호주의 경제에 상당한 부분을 차지한다. 점차 중국에 대한 경제적 의존도를 높여 갔던 호주는 어느 순간부터 경제를 무기로 한 중국의 압박을 받는다. 중국은 상당 기간 음으로 양으로 호주의 정치 경제 사회 문화 부문에 친중파를 심어 왔는데 호주 정부는 그 부담을 안고 대비책을 강구하기에 이른다. 물론 남한의 상황은 호주보다 더 심각하다.

(참고 문헌)

"삼국지"(오환선비동이전)

"구당서"(동이북적전)

"신당서"(동이전, 북적전)

"구오대사"(외국열전)

"신오대사"(사이부록)

"삼국사기"(권1, 13, 23, 26)

"해동고승전"(1215)

"동국이상국집"(1241)

"삼국유사"('기이제일')

"제왕운기"(권하 동국군왕개국연대)

"동국통감"(1485)

"동사강목"(1781)

"발해고"(1784)

'사불허북국거상표'(최치원)

강인욱 2021, "옥저와 읍루", 동북아 역사 재단.

계승범 2011, "정지된 시간", 서강대 출판부.

계승범 2014, "중종의 시대", 역사비평사.

김기협 2008, "밖에서 본 한국사", 돌베개.

김기협 2022, "오랑캐의 역사", 돌베개.

김영민 2021, "중국정치사상사", 사회평론아카데미.

김영하 1990, '후기 신라와 발해의 성립', "북한의 한국사 인
　　　식" 1, 한길사.

김영하 2006, '신라 통일론과 남 북국 성립론', 김정배 편저,
　　　"한국 고대사 입문" 3, 신서원.

김원용 1986, "한국 고고학 개설"(제 3판), 일지사.

김정배 2006, '한민족의 기원과 형성', "한국 고대사 입문" 1,
　　　김정배 편저, 신서원.

김주원 1991, '한국어 계통과 형성에 대한 연구사적 고찰', "한

국 고대사 논총" 1(가락국 사적 개발 연구원), 한국 고대사회 연구소 편.

김주원 외 2006, "사라져 가는 알타이 언어를 찾아서", 태학사.

김한규 2004, "요동사", 문학과지성사.

노태돈 1985, '발해국의 주민 구성과 발해인의 족원', "한국 고대의 국가와 사회", 일조각.

노태돈 2009 a, "삼국 통일 전쟁사", 서울대학교 출판부.

박대재 2000, "고대 한국 초기 국가의 왕과 전쟁", 경인문화사.

박명림 1996, "한국 전쟁의 발발과 기원" 1, "한국 전쟁의 발발과 기원" 2, 나남.

박명림 2002, "한국 1950, 전쟁과 평화", 나남.

박명림 외 2006, "해방 전후사의 인식" 6, 한길사.

박명림 2011, "역사와 지식과 사회", 나남.

박찬승 2010, "민족 민족주의", 소화.

백낙청 2021, "분단 체제 변혁의 공부길"(개정판), 창비.

백낙청 2022, "민족 문학의 현 단계"(민족 문학과 세계 문학 2), "민족 문학의 새 단계"(민족 문학과 세계 문학 3), 창비.

세키네 2020, "일본인의 형성과 한반도 도래인", 경인문화사.

손동완 2022, "한민족과 북방 북국", 바른북스.

손동완 2023, "한민족에 대한 우리의 인식", 바른북스.

송재윤 2022, "슬픈 중국, 문화대반란 1964~1976", 까치.

심재훈 2018, "청동기와 중국 고대사", 사회평론아카데미.

심재훈 2021, "중국 고대 지역국가의 발전", 일조각.

우경섭 2013, "조선 중화주의의 성립과 동아시아", 유니스토리.

유인선 2012, "베트남과 그 이웃 중국", 창비.

유인선 2018, "베트남의 역사", 이산.

윤무병 1975, '무문토기 형식 분류 시고', "진단 학보" 39.

이삼성 2009 a, "동 아시아의 전쟁과 평화" 1, 한길사.

이삼성 2018, "한반도의 전쟁과 평화", 한길사.

이삼성 2023, "동 아시아 대 분단 체제론", 한길사.

이성시 2001, "만들어진 고대", 삼인.

이성시 2019, "투쟁의 장으로서의 고대사", 삼인.

이승훈 2023, "한자의 풍경", 사계절.

이장우 외 2020, "고문진보 전집", "고문진보 후집", 을유문화사.

이정우 2024, "세계철학사" 4, 길.

이종욱 2002, "신라의 역사" 1, 김영사.

정광 2010, "역주 원본 노걸대", 도서출판 박문사.

정영훈 2017, "한민족 공동체 연구", 한국학 중앙연구원 출판부.

정옥자 1998, "조선 후기 조선 중화사상 연구", 일지사.

조동일 2010, "동아시아 문명론", 지식산업사.

최성락 2002, '전환기 고고학의 의미와 과제', "전환기의 고고
학" 1, 한국 상고사 학회 편, 학연 문화사.

최정운 2016, "한국인의 발견", 미지북스.

함재봉 2017, "한국 사람 만들기"(1), 아산 서원.

Deuchler 1992, *The Confucian Transformation of Korea*,
Cambridge: Harvard University Asia Center.

Duncan 2000, *The Origins of the Chosun Dynasty*, Seattle:
University of Washington Press.

Lee(이성시) 1998, "古代東亞細亞の民族と國家", 岩波書店.

Fei 1988, "中華民族多元一論"

Gelabert et al. 2022, 'Northeastern Asian and Jomon-related
genetic structure in the Three Kingdom period of Gimhae ,
Korea', *Current Biology*, 2022 Aug; 32(15).

Nishizima 1983, "中國古代國家と東アジア世界", 東京大學
出版會.

Pai 2000, *Constructing Korean Origins*, Cambridge: Harvard

University Press.

Robbeets et al. 2021, 'Triangulation supports agricultural spread of the Transeurasian languages', *Nature* 599, 10 Nov. 2021.

Wen et al. 2004, 'Genetic evidence supports demic diffusion of Han culture', *Nature* 431, 16 Sep. 2004.

(용어와 색인)